人文社科
高校学术研究论著丛刊

大数据时代企业财务管理路径探究

金宏莉 曾红 著

中国书籍出版社

图书在版编目（CIP）数据

大数据时代企业财务管理路径探究 / 金宏莉, 曾红著. -- 北京：中国书籍出版社，2020.12
ISBN 978-7-5068-8319-1

Ⅰ.①大… Ⅱ.①金… ②曾… Ⅲ.①企业管理–财务管理–研究 Ⅳ.①F275

中国版本图书馆 CIP 数据核字（2021）第 010211 号

大数据时代企业财务管理路径探究

金宏莉 曾 红 著

丛书策划	谭 鹏 武 斌
责任编辑	李 新
责任印制	孙马飞 马 芝
封面设计	东方美迪
出版发行	中国书籍出版社
地　　址	北京市丰台区三路居路 97 号（邮编：100073）
电　　话	（010）52257143（总编室）　（010）52257140（发行部）
电子邮箱	eo@chinabp.com.cn
经　　销	全国新华书店
印　　厂	三河市德贤弘印务有限公司
开　　本	710 毫米 × 1000 毫米　1/16
字　　数	204 千字
印　　张	15.75
版　　次	2021 年 10 月第 1 版
印　　次	2021 年 10 月第 1 次印刷
书　　号	ISBN 978-7-5068-8319-1
定　　价	76.00 元

版权所有　翻印必究

目 录

第一章　大数据和财务管理的基本理论 … 1
第一节　大数据的发展 … 1
第二节　企业财务管理概述 … 22
第三节　企业财务管理和大数据的基本关系 … 28

第二章　大数据时代企业运营管理 … 36
第一节　大数据时代企业定位分析 … 36
第二节　大数据时代企业财务体系的构建 … 45
第三节　大数据对财务管理的作用与影响 … 48

第三章　企业投资管理 … 61
第一节　企业投资管理的基本内容 … 61
第二节　大数据时代对企业投资决策的影响 … 80
第三节　大数据时代企业投资决策优化 … 82

第四章　企业预算与成本管理 … 90
第一节　企业预算管理 … 90
第二节　企业成本管理 … 100
第三节　大数据对企业预算和成本管理的影响 … 120

第五章　大数据时代企业财务风险管理与内部控制 … 130
第一节　大数据时代企业财务风险管理 … 130
第二节　大数据时代企业财务管理的内部控制 … 153

第六章　大数据时代企业财务管理创新路径 … 157
第一节　财务管理战略与模式创新 … 157

  第二节 财务管理技术与方法创新……………………… 175
  第三节 财务管理内部控制的创新……………………… 184
第七章 大数据时代企业财务管理的发展趋势…………… 188
  第一节 大数据可视化…………………………………… 188
  第二节 企业财务管理的智能信息化发展……………… 220
参考文献………………………………………………………… 242

第一章 大数据和财务管理的基本理论

大数据是中国经济新常态下创新驱动的发动机和产业转型的助推器,带动了技术研发体系创新、管理方式变革、商业模式创新和产业价值链体系重构,推动了跨领域、跨行业的数据融合和协同创新。[①] 企业可持续发展的关键是获得竞争优势,财务战略作为企业总体战略的核心,基于长期性和系统性的视角,在企业整体目标的引领下,融合了财产的购置、投资、融资以及管理等事项。大数据时代,一方面,海量数据为财务管理和决策带来更有利的支撑;另一方面,也对传统的财务系统、财务人员的素质提出了更高的要求。

第一节 大数据的发展

随着新一代信息技术的迅猛发展和深入应用,数据的数量、规模不断扩大,数据已日益成为土地、资本之后的又一种重要的生产要素,与各个国家和地区争夺的重要资源,谁掌握数据的主动权和主导权,谁就能赢得未来。

一、大数据的定义

互联网的技术不断发展,渗透进我们的工作和生活,加上移

[①] 孙志文,张砚东.企业管理会计信息化建设探讨[J].今日财富,2019(06):142.

动网络、物联网与其他各种联网设备的出现与普及,一个必然产生的现象就是数据的迅速增长。有90%的数据是互联网出现以后才产生的,它以指数级的速度在我们的生活中不断增加,从海量至于无穷大,世界正被数据淹没。

然而,大数据还没有统一的标准定义。尽管大数据的定义各家歧异,但基本上,大数据领域里的每个人都同意一点:大数据不仅仅是指更多资料。

(一)百度搜索的定义

百度搜索认为:大数据(Big Data),指无法在一定时间范围内用常规软件工具进行捕捉、管理和处理的数据集合,是需要新处理模式才能具有更强的决策力、洞察发现力和流程优化能力来适应海量、高增长率和多样化的信息资产。

(二)互联网周刊的定义

互联网周刊的定义为:"大数据"的概念远不止大量的数据(TB)和处理大量数据的技术,而是涵盖了人们在大规模数据的基础上可以做的事情,而这些事情在小规模数据的基础上是无法实现的。

换句话说,大数据让我们以一种前所未有的方式,通过对海量数据进行分析,获得有巨大价值的产品和服务,或深刻的洞见,最终形成变革之力。

(三)研究机构的定义

研究机构认为:"大数据"是需要新处理模式才能具有更强的决策力、洞察发现力和流程优化能力的海量、高增长率和多样化的信息资产。从数据的类别上看,"大数据"指的是无法使用传统流程或工具处理或分析的信息。它定义了那些超出正常处理范围和大小、迫使用户采用非传统处理方法的数据集。

二、大数据的类型

大数据的类型大致可分为如图 1-1 所示的三类。

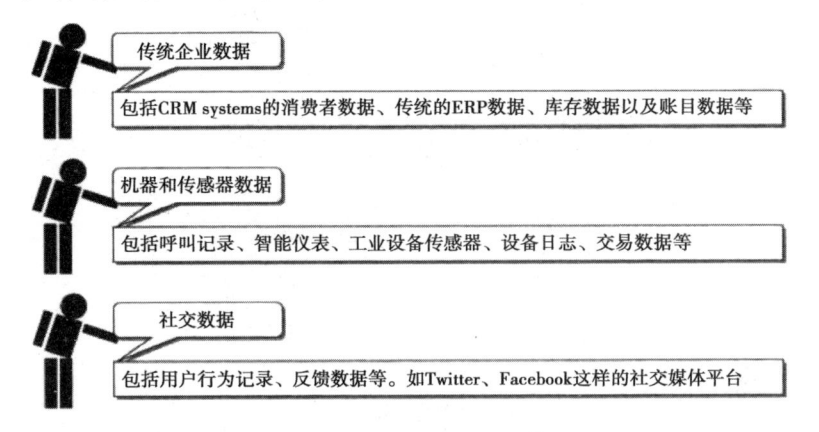

传统企业数据
包括CRM systems的消费者数据、传统的ERP数据、库存数据以及账目数据等

机器和传感器数据
包括呼叫记录、智能仪表、工业设备传感器、设备日志、交易数据等

社交数据
包括用户行为记录、反馈数据等。如Twitter、Facebook这样的社交媒体平台

图 1-1　大数据的类型 [①]

三、大数据的特征

高德纳分析员道格·莱尼指出了数据增长的三个方向的挑战和机遇：量(Volume)，即数据多少；速(Velocity)，即资料输入、输出的速度；类(Variety)，即多样性。在此基础上，IBM 提出大数据的"4V"特征：数量(Volume)、多样性(Variety)、速度(Velocity)和真实性(Veracity)，如图 1-2 所示。

(一)数量(Volume)

随着互联网、移动互联网、物联网的发展，每时每刻都在产生着大量的数据，当这些数据能够被利用起来后，其价值是无可限量的。大量的数据要得到使用，一方面，要解决数据从分散到集中的问题；另一方面，要解决数据的共享安全、道德伦理问题。前者是一个技术问题，而后者是一个社会问题。如果数据失去了

---

① 董超.一本书搞懂企业大数据[M].北京：化学工业出版社，2017：4.

安全和道德的约束,衍生出来的社会问题将是一场灾难。相信很多人每天都会接到大量的骚扰电话,这就是数据安全和道德造成的问题。

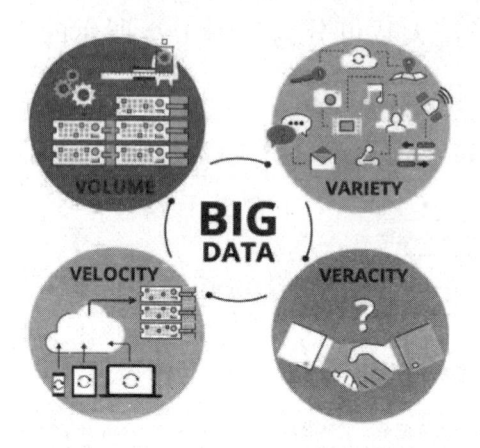

图 1-2 大数据的"4V"特征

(二)多样性(Variety)

大数据就像一个不挑食的孩子,你给它什么,它都开心笑纳,这和人类自身的学习认知模式有点相似。想象一下,我们在认识世界的时候,往往是有什么就吸纳什么,数字、图像、声音、视频,无所不及。因此,从这点来看,大数据的多样性,为机器向人类学习提供了很好的技术基础。如果机器的学习仅仅局限于结构化数据,那么相信这样的人工智能孩子即使长大变得聪明,也一定会是一个人格不健全的孩子。

(三)速度(Velocity)

流式数据是大数据的重要特征,当处理的数据由 PB 级代替了 TB 级时,"超大规模数据"和"海量数据"是快速动态变化的,数据流动的速度快到难以用传统的系统去处理。如果数据处理等上十年八载才有结果,那么这时候出来的结果已经没有决策意义了。快流式数据是大数据的重要特征。举个简单的例子,淘宝购物时的商品推送就是基于大数据技术进行的,如果运算速度很慢，估计从用户登录进去到离开都还不知道该推送什么商品，大数据就没有了意义。所以，速度快是让大数据产生商业价值非常核心的一点。从这一点来看，可以说云计算给大数据提供了很好的技术支持，当云计算技术得以广泛运用后，算力变得廉价且富足，计算速度变得足够快，这样我们才有条件将大数据技术低成本地运用到更加丰富的业务场景中。

（四）真实性（Veracity）

这里特别要注意的是，我们追求真实性，而不是精确性。

实际上，真实性的特点和更好是匹配的。在我们关注相关性的时候，往往能够得到更加真实的信息。在传统的数据技术中，由于我们对数据的精确性要求过于苛刻，这使得如果没有高质量的数据清洗，产出结果的可用性就将大打折扣。很多时候，我们说垃圾进、垃圾出就是这样的问题所导致的。大数据技术从降低精确性要求的逆向思维出发，用另一种方式解决了这个问题，通过降低精确性要求，变相提升了数据质量。借用科幻思维，这是一种"降维"策略的实践。

谈到这里，我们从理念和理论两个层次加深了对大数据的理解，当我们对这些特性理解透彻后，才能够更好地去思考其在财务领域的应用场景。

四、大数据的技术框架

大数据尝试从海量数据中，通过一定的分布式技术手段，挖掘出有价值的信息，最终提供给用户，进而产生实用价值和商业价值。由于数据本身的多样性以及数据分析需求的多元化，大数据技术体系非常复杂，涉及的组件和模块众多，为了便于读者从顶层框架上对大数据有一个清楚的认识，下面尝试概括大数据技术框架。

在互联网领域，数据无处不在。从数据在信息系统中的生命周期看,大数据从数据源开始,经过分析、挖掘到最终获得价值一般需要经过六个主要环节,包括数据收集、数据存储、资源管理与服务协调、计算引擎、数据分析和数据可视化,技术体系如图1-3所示。每个环节都面临不同程度的技术挑战。

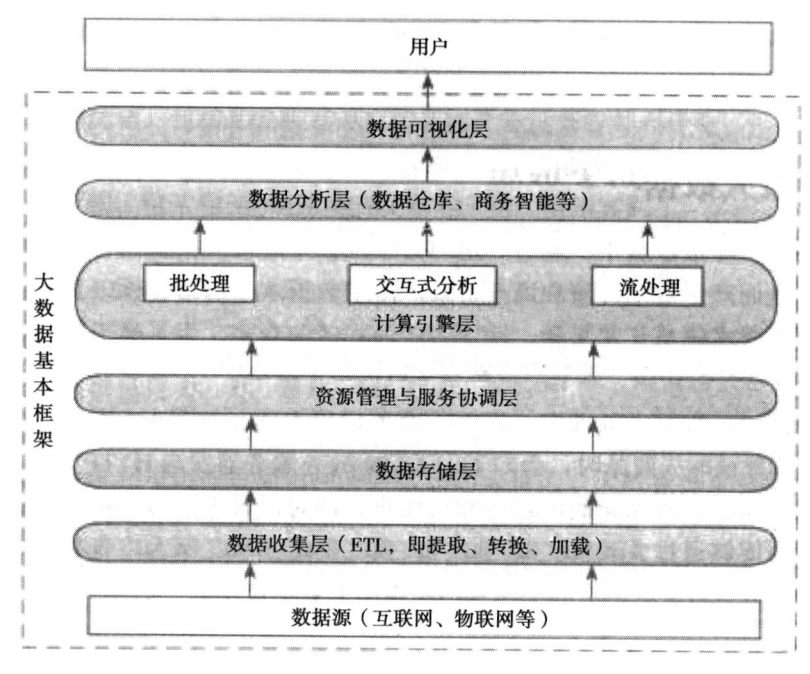

图1-3 大数据技术体系[①]

（一）数据收集层

数据收集层由直接跟数据源对接的模块构成,负责将数据源中的数据近实时或实时收集到一起。数据源具有分布式、异构性、多样化及流式产生等特点。

（1）分布式:数据源通常分布在不同机器或设备上,并通过网络连接在一起。

（2）异构性:任何能够产生数据的系统均可以称为数据源,比如Web服务器、数据库、传感器、手环、视频摄像头等。

---

① 董西成.大数据技术体系详解原理、架构与实践[M].北京:机械工业出版社,2018:6.

（3）多样化：数据的格式是多种多样的，既有像用户基本信息这样的关系型数据，也有如图片、音频和视频等非关系型数据。

（4）流式产生：数据源如同"水龙头"一样，会源源不断地产生"流水"（数据），而数据收集系统应实时或近实时地将数据发送到后端，以便及时对数据进行分析。

由于数据源具有以上特点，将分散的数据源中的数据收集到一起通常是一件十分困难的事情。一个适用于大数据领域的收集系统，一般具备以下几个特点。

（1）扩展性：能够灵活适配不同的数据源，并能接入大量数据源而不会产生系统瓶颈。

（2）可靠性：数据在传输过程中不能够丢失（有些应用可容忍少量数据丢失）。

（3）安全性：对于一些敏感数据，应有机制保证数据收集过程中不会产生安全隐患。

（4）低延迟：数据源产生的数据量往往非常庞大，收集系统应该能够在较低延迟的前提下将数据传输到后端存储系统中。

为了让后端获取全面的数据，以便进行关联分析和挖掘，通常我们建议将数据收集到一个中央化的存储系统中。

（二）数据存储层

数据存储层主要负责海量结构化与非结构化数据的存储。传统的关系型数据库（比如 MySQL）和文件系统（比如 Linux 文件系统）因在存储容量、扩展性及容错性等方面的限制，很难适应大数据应用场景。

在大数据时代，由于数据收集系统会将各类数据源源不断地发到中央化存储系统中，这对数据存储层的扩展性、容错性及存储模型等有较高要求，总结如下。

（1）扩展性：在实际应用中，数据量会不断增加，现有集群的存储能力很快将达到上限，此时需要增加新的机器扩充存储能力，这要求存储系统本身具备非常好的线性扩展能力。

（2）容错性：考虑到成本等因素，大数据系统从最初就假设构建在廉价机器上，这就要求系统本身就有良好的容错机制确保在机器出现故障时不会导致数据丢失。

（3）存储模型：由于数据具有多样性，数据存储层应支持多种数据模型，确保结构化和非结构化的数据能够很容易保存下来。

（三）资源管理与服务协调层

随着互联网的高速发展，各类新型应用和服务不断出现。在一个公司内部，既存在运行时间较短的批处理作业，也存在运行时间很长的服务，为了防止不同应用之间相互干扰，传统做法是将每类应用单独部署到独立的服务器上。该方案简单易操作，但存在资源利用率低、运维成本高和数据共享困难等问题。为了解决这些问题，公司开始尝试将所有这些应用部署到一个公共的集群中，让它们共享集群的资源，并对资源进行统一使用，同时采用轻量级隔离方案对各个应用进行隔离，因此便诞生了轻量级弹性资源管理平台，相比于"一种应用一个集群"的模式，引入资源统一管理层可以带来众多好处：

资源利用率高：如图1-4所示，如果每个应用一个集群，则往往由于应用程序数量和资源需求的不均衡，使得在某段时间内有些应用的集群资源紧张，而另外一些集群资源空闲。共享集群模式通过多种应用共享资源，使得集群中的资源得到充分利用。

运维成本低：如果采用"一个应用一个集群"的模式，则可能需要多个管理员管理这些集群，进而增加运维成本。共享模式通常需要少数管理员即可完成多个框架的统一管理。

数据共享：随着数据量的暴增，跨集群间的数据移动不仅需花费更长的时间，并且硬件成本也会大大增加，而共享集群模式可让多种应用共享数据和硬件资源，这将大大减小数据移动带来的成本。

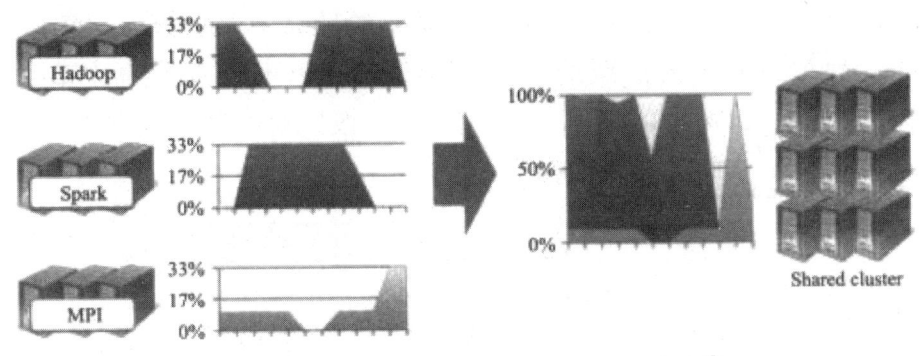

第一章　大数据和财务管理的基本理论

图 1-4　共享集群模式使得资源利用率提高了①

在构建分布式大数据系统时,会面临很多共同的问题,包括 leader 选举、服务命名、分布式队列、分布式锁、发布订阅功能等,为了避免重复开发这些功能,通常会构建一个统一的服务协调组件,包含了开发分布式系统过程中通用的功能。

(四)计算引擎层

在实际生产环境中,针对不同的应用场景,我们对数据处理的要求是不同的,有些场景下,只需离线处理数据,对实时性要求不高,但要求系统吞吐率高,典型的应用是搜索引擎构建索引;有些场景下,需对数据进行实时分析,要求每条数据处理延迟尽可能低,典型的应用是广告系统及信用卡欺诈检测。为了解决不同场景下数据处理问题,起初有人尝试构建一个大的系统解决所有类型的数据计算问题,但最终以失败告终。究其原因,主要是因为不同类型的计算任务,其追求的目标是不同的,批处理计算追求的是高吞吐率,而实时计算追求的是低延迟。在现实系统中,系统吞吐率和处理延迟往往是矛盾的两个优化方向:系统吞吐率非常高时,数据处理延迟往往也非常高,基于此,用一个系统完美解决所有类型的计算任务是不现实的。

计算引擎发展到今天,已经朝着"小而美"的方向前进,即针对不同应用场景,单独构建一个计算引擎,每种计算引擎只专注

---

① 董西成.大数据技术体系详解原理、架构与实践[M].北京:机械工业出版社,2018:6.

于解决某一类问题,进而形成了多样化的计算引擎。计算引擎层是大数据技术中最活跃的一层,直到今天,仍不断有新的计算引擎被提出。如图 1-5 所示,总体上讲,可按照对时间性能的要求,将计算引擎分为三类。

实时处理	交互式处理	批处理
√广告系统 √舆情分析 √信用卡欺诈	√数据查询 √参数化报表生成 √OLAP	√搜索引擎建索引 √数据挖掘 √机器学习

图 1-5 计算机引擎分类[①]

（1）批处理:该类计算引擎对时间要求最低,一般处理时间为分钟到小时级别,甚至天级别,它追求的是高吞吐率,即单位时间内处理的数据量尽可能大,典型的应用有搜索引擎构建索引、批量数据分析等。

（2）交互式处理:该类计算引擎对时间要求比较高,一般要求处理时间为秒级别,这类系统需要跟人进行交互,因此会提供类 SQL 的语言便于用户使用,典型的应用有数据查询、参数化报表生成等。

（3）实时处理:该类计算引擎对时间要求最高,一般处理延迟在秒级以内,典型的应用有广告系统、舆情监测等。

（五）数据分析层

数据分析层直接跟用户应用程序对接,为其提供易用的数据处理工具。为了让用户分析数据更加容易,计算引擎会提供多样化的工具,包括应用程序 API、类 SQL 查询语言、数据挖掘 SDK 等。在解决实际问题时,数据科学家往往需根据应用的特点,从数据分析层选择合适的工具,大部分情况下,可能会结合使用多种工具,典型的使用模式是:首先使用批处理框架对原始海量数

---

① 董西成.大数据技术体系详解原理、架构与实践[M].北京:机械工业出版社,2018:6.

据进行分析,产生较小规模的数据集,在此基础上,再使用交互式处理工具对该数据集进行快速查询,获取最终结果。

(六)数据可视化层

数据可视化技术指的是运用计算机图形学和图像处理技术,将数据转换为图形或图像在屏幕上显示出来,并进行交互处理的理论、方法和技术。它涉及计算机图形学、图像处理、计算机辅助设计、计算机视觉及人机交互技术等多个领域。

数据可视化层是直接面向用户展示结果的一层,由于该层直接对接用户,是展示大数据价值的"门户",因此数据可视化是极具意义的。考虑到大数据具有容量大、结构复杂和维度多等特点,对大数据进行可视化是极具挑战性的。下面我们举例说明发展可视技术的意义及挑战。在医学领域,为了认识人体内部结构,美国国家医学图书馆于1989年开始实施可视化人体计划(VHP),并委托科罗拉多大学医学院建立了一男一女的全部解剖结构数据库。他们分别将男女不同性别的两具尸体从头到脚做CT扫描和核磁共振扫描(男的间距1毫米,共1878个断面;女的间距0.33毫米,共5189个断面),然后将尸体填充蓝色乳胶并裹以明胶后冰冻至零下80摄氏度,再以同样的间距对尸体作组织切片的数码相机摄影,分辨率为2048×1216,最终所得数据共56GB(男13GB,女43GB)。全球用户可以在美国国家医学图书馆允许的情况下获得该数据并用于教学和科学研究。VHP数据集的出现标志着计算机三维重构图像和虚拟现实技术进入了医学领域,从而大大促进了医学的发展和普及。

五、大数据基础技术

大数据处理流程主要是指从海量数据中获取需要的信息数据并进行加工分析得到有益知识的输出过程。大数据本质也是数据,其处理流程的关键技术依然逃脱不了大数据存储和管理及大数据检索使用（包括数据挖掘和智能分析）。围绕大数据，一批新兴的数据存储、数据挖掘、数据处理与分析技术不断涌现，让我们处理海量数据更加容易、更加便宜和迅速的同时，也成为企业业务经营的好助手，甚至可以改变许多行业的经营方式。因此，一般将大数据处理流程概括为以下几个步骤：数据采集和清洗、数据存储、数据挖掘以及数据呈现，如图1-6所示。

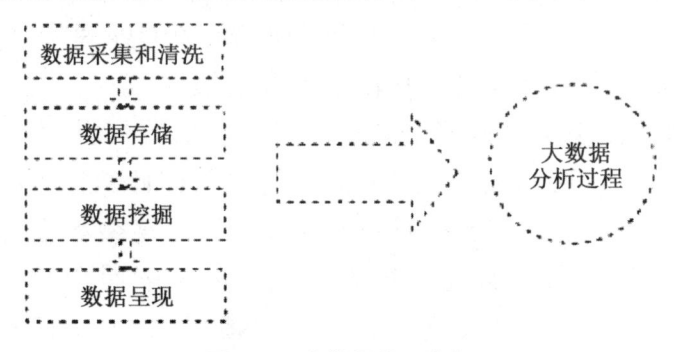

图1-6 大数据处理流程

（一）数据采集和清洗

数据采集又称"数据获取"，是指从传感器与其他待测设备等模拟和数字被测单元中自动采集信息的过程。在互联网行业快速发展的今天，数据采集已经被广泛应用于互联网及分布式领域，数据采集领域已经发生了重要的变化。

随着互联网的普及，每个人每天都在网络上产生无数的数据，这些数据构成了大数据的基础。想要收集这些数据，能使用的主要工具有传感器、网络爬虫、移动基站和使用者自身产生的信息。

（1）传感器。传感器是一种检测装置，能感受到被测量的信息，并能将感受到的信息，按一定规律变换成电信号或其他所需形式的信息输出。分布在生活中的传感器产生了海量的数据来源，如监控大型强子对撞机或四发动机大型喷气式客机需要成千上万的传感器通道，产生数百TB的数据。

（2）网络爬虫。网络爬虫是按照一定的规则，自动抓取互联网网页信息的程序或者脚本。

（3）无源光纤网络（Passive Optical Network，PON）。日常的通信过程产生海量信息。

（4）使用者自身产生的信息。微信、微博、邮件等渗入大家生活,而拥有庞大用户群的微信、微博或者淘宝网上都留下了巨量的信息,这些信息便是海量数据的来源之一。

（二）数据库和数据存储

数据库主要解决以下问题：如何存储数据、如何找到数据、如何定义数据和如何管理数据。数据库的基本组成包括存储数据的实体、管理数据的方式和方法。

数据的存储主要关乎数据分类、数据索引、数据属性（直白点就是仓储管理）。

数据存储技术主要包括裸数据和文件系统。

具体定义如下：

（1）数据。数据是描述事务的符号记录,可用文字、图形等多种形式表示,经数字化处理后可存入计算机。

（2）数据库（DB）。数据库是按一定的数据模型组织、描述和存储在计算机内的、有组织的、可共享的数据集合。

（3）数据库管理系统（DBMS）。数据库管理系统是位于用户和操作系统之间的一层数据管理软件。主要功能包括：

数据定义功能：DBMS 提供 DDL,用户通过它定义数据对象。

数据操纵功能：DBMS 提供 DML,用户通过它实现对数据库的查询、插入、删除和修改等操作。

1. 信息世界

实体：客观存在并可相互区分的事物。

实体集：性质相同的同类实体的集合。

属性：实体具有的某一特性。

实体标识符：能使一个实体与其他实体区分开来的一个或

一组属性。

2. 数据世界

记录⟷实体(抽象表示)
文件⟷实体集
字段或数据项⟷属性
关键字⟷实体标识符,唯一地标识一个记录,又称码、键。

3. 实体—联系方法(Entity – Relationship Approach)

用 E-R 图(Entity – Relationship Diagram)描述:
(1)实体型,用长方形表示;联系,用菱形表示;属性,用椭圆形表示。
(2)框内写上相应的名称。
(3)用无向边连接。

4. 数据模型

数据模型是对现实世界进行抽象的工具,它按计算机系统的观点对数据建模,用于提供数据库系统中信息表示和操作手段的形式框架,主要用于 DBMS 的实现,是数据库系统的核心和基础。

数据定义语言(DDL)。
数据操作语言(DML)。
数据查询语言(DQL)。
数据控制语言(DCL)。
(1)信息世界。
实体:客观存在并可相互区分的事物。
实体集:性质相同的同类实体的集合。
属性:实体具有的某一特性。
实体标识符:能将一个实体与其他实体区分开来的一个或一组属性。

(2)数据世界。

记录⟷实体（抽象表示）

文件⟷实体集

字段或数据项⟷属性

关键字⟷实体标识符，唯一地标识一个记录，又称码、键。

关系：对应一张表，每表起一个名称即关系名。

元组：表中的一行。

属性：表中一列，每列起一个名称即属性名。

主码：唯一确定一个元组的属性组。

域：属性的取值范围。

数据库：一个或多个数据库。

数据库的四要素：用户数据、元数据、索引和应用元数据。

（三）数据挖掘和数据分析

在得到所需要的数据后，如何从这些海量数据中得到有效的信息，去粗取精得到用户需要的信息，这便是数据挖掘的过程，数据挖掘是一种决策支持过程。它主要基于人工智能统计学、数据库、可视化技术等，高度自动化地分析企业的数据，做出归纳性的推理，从中挖掘出潜在的模式，帮助决策者调整市场策略，减少风险，做出正确的决策。大数据分析中，主要使用的数据挖掘手段有以下几种。

1. 聚类分析：如基于历史的 MBR 分析、遗传算法

聚类分析是把一组数据按照相似性和差异性分为几个类别，其目的是使得属于同一类别数据间的相似性尽可能大，不同类别数据间的相似性尽可能小。它可以应用到客户群体的分类、客户背景分析、客户购买趋势预测、市场的细分等方面。

基于历史的 MBR 分析方法最主要的概念就是用已知案例来预测未来案例的一些属性，通常寻最相似的案例来做比较。MBR 分析中有两个主要因素：距离函数与结合函数。距离函数用于找

出最相似的案例,结合函数则将相似案例的属性结合起来,以供预测之用。MBR分析方法的优点是容许各种形态的数据。

遗传算法是一种基于生物自然选择与遗传机理的随机搜索算法,是一种仿生全局优化方法。遗传算法具有的隐含并行性、易于和其他模型结合等性质使得它在数据挖掘中被加以应用。Sunil已成功地开发了一个基于遗传算法的数据挖掘工具,利用该工具对两个飞机失事的真实数据库进行了数据挖掘实验,结果表明遗传算法是进行数据挖掘的有效方法之一。

2. 关联分析:如购物车分析

关联分析就是从大量数据中发现项集之间有趣的关联和相关联系。关联分析的一个典型例子是购物车分析。购物车分析就是通过发现顾客放入购物车中的不同商品之间的联系,分析顾客的购买习惯,主要目的在于找出什么样的东西应该放在一起。根据顾客的购买行为找出相关的联想规则,这种规则的挖掘发现可以帮助零售商制订营销策略,零售商可据此分析改变置物架上的商品排列或设计吸引客户的商业套餐等,如发生在美国沃尔玛连锁超市的真实案例——"尿布与啤酒"。

3. 分类分析:如决策树、判别分析

分类分析区别于聚类分析,分类分析是有监督的学习。其中决策树是数据挖掘分类算法的一个重要方法。在各种分类算法中,决策树是最直观的一种。它通过将大量数据有目的地分类,从中找到一些有价值的、潜在的信息。它的主要优点是描述简单,分类速度快,特别适合大规模的数据处理。判别分析是根据表明事物特点的变量值和它们所属的类,求出判别函数,根据判别函数对未知所属类别的事物进行分类的一种分析方法,其核心是考察类别之间的差异。

（四）大数据分析与 R

Hadoop 的分布式数据处理模式，让原来不可能的 TB、PB 级数据量计算成为可能，而 R 语言的强大之处在于统计分析，但是对于大数据的处理，我们只能通过抽样计算。由 Revolution Analytics 公司发起的一个开源项目 R Hadoop，对 Hadoop 集群上存储在 Hadoop 分布式文件系统中的数据进行本地 R 分析，并对这些计算的结果进行整合，类似 Map Reduce 对非结构化数据的操作，这一举措使得 R 语言与 Hadoop 结合在一起，可以为用户处理千兆级的数据集。同时，也解决了标准 R 语言软件包常遇到的内存屏障问题。由此可以看出，这两种技术的结合既是产业界必然的导向，也是产业界和学术界的交集，更为交叉学科的人才提供了无限广阔的想象空间。那么，Hadoop 与 R 到底是如何结合的呢？主要从以下几个方面分析。

（1）R Hadoop。R Hadoop 包含三个 R 包（Rmr、Rhdfs、Rhbase），分别对应 Hadoop 系统架构中的 MapReduce、HDFS、HBase 三个部分。

（2）RHive。RHive 是一款通过 R 语言直接访问 Hive 的工具包，是由 NexR 公司研发的。通过使用 RHive 可以在 R 环境中写 HQL（HiveQL），将 R 的对象传入 Hive 中，在 Hive 中进行计算。在 RHive 中，小数据集在 R 中执行，大数据集在 Hive 中运行。

（3）Hadoop 调用 R。R 可以调用 Hadoop，同样地，打通 Java 与 R 的连接通道，让 Hadoop 也可以调用 R。

六、大数据的发展趋势

大数据领域的发展激动人心，它具有彻底改变企业经营模式的能力。因此，我们很容易只看到大数据的优点，而忽略它的缺陷。大数据的使用固然重要，但并不是无限制的，大数据的道德问题也很重要，尤其在商业领域，道德问题也非常重要，企业声誉可谓是成功的关键。有了社交媒体,丑闻眨眼间就能传播到世界各地,多年来树立的企业形象将在瞬间毁于一旦。

如果你听说过一些预测模型,以及企业利用大数据和分析技术从事的业务,就了解到什么是真正的危险,那就是隐私要给可能性让步。很明显,这就涉及透明化问题,企业需要认真管理透明化问题。

在大数据领域,还需要解决重要的道德和伦理问题。大数据和"淘金热"有点相似——没有法律限制,又具有无限的机遇,人们甘心冒早期风险。但相关法律很快就能健全,越来越多的人会为此感到不舒服。例如,企业收集了哪些信息?用来做什么?现在可能发生什么?

(一)迎接大数据的反作用力

可以预见,大数据会有反作用力。在参加的每个研讨会或主旨演讲中,人们经常会为数据收集的发展水平感到震惊,他们并没有意识到,自己很轻易地就会同意别人使用自己的信息,几乎是不假思索地。几乎没有人清楚脸书(Facebook)做过多少分析,可以根据点赞和更新对你有多深入的了解。和其他伟大的创新一样,大数据也是一把双刃剑,仅仅是人脸识别软件带来的可能性就足以让我们感到毛骨悚然。人脸识别软件既可以用来预防犯罪,打击恐怖主义,也可以为实现商业目的监视普通人。在一些官方上并不存在的地方,或大型企业的地下室中,大量的数据可以被获取,正在被很多先进技术孕育着,而大多数人绝对意识不到这一点,这是我们面临的最大挑战之一。

我们并不清楚别人收集了哪些数据信息,尽管企业或应用程序已经在合同条款中明确列出,但大多数人都不会阅读这些条款,即使阅读了,也不明白其中的意思,或者弄不明白同意这些条款意味着什么。

举个简单的例子:在伦敦咖啡馆,顾客需要同意相关条件和协议,才能免费使用无线网络。试验中有一条条款规定用户需要

第一章　大数据和财务管理的基本理论

"将自己的第一个孩子交给公司",才能使用免费网络,试验中,有几个人居然欣然接受。

很多小型企业使用谷歌的电子邮件服务,谷歌邮箱既免费又可靠,而且存储容量大。但谷歌认为,顾客在使用他们提供的免费服务时,就没有什么隐私了,但我们对这些又了解多少呢?简单来说,谷歌认为它可以阅读和分析谷歌邮箱用户发送或接收的任何邮件内容。美国联邦法院在案情提要中提到这个事实,并用来起诉谷歌。由于谷歌浏览用户邮件,被指控违反美国联邦和州法律,在辩护中发表了以下声明(最近由消费者保护组织曝光):如果给同事发邮件,收件人的助理打开邮件,发件人不会为此感到惊讶。同样,发送电子邮件时,在收件过程中,收件人的ECS提供商打开邮件也再正常不过了。

因此,从本质上来看,如果我们注册使用谷歌邮箱,就意味着放弃了所有的隐私权。谷歌通过使用文本分析,得到有用信息,进而优化广告定位。据本人猜测,在Gmail的4亿多用户中,95%的用户现在还未意识到这一点。谷歌邮箱只是其中之一,脸书(Facebook)因一直修改隐私政策和隐私设置而"闻名"——或臭名昭著。

任何人都明白企业需要赢利,提供像谷歌邮箱这类免费服务对一些人来说就是足够的回报了。很多人并不关心隐私权。但如果我们想要平安蹚过浑水,必须加大透明度,明确收集了哪些数据,如何使用或将会如何使用这些数据。

关于数据和法律,很多法律体系都在完善。例如,斯堪的纳维亚国家的数据保护法要比英国和美国严厉得多。据预测,英国和美国将实施新的立法,加强保护数据和个人隐私。企业需要在他们收集的数据内容和原因方面更加坦率,而消费者对于他们的数据也将拥有更自由的选择。

(二)透明化和道德化

现在,很多数据收集行为并不道德。例如,脸书将很多与数据有关的条款放在50页的用户协议中,而用户根本不会阅读用户协议。企业向顾客解释收集了哪些数据以及将如何使用这些数据是非常重要的。如果一家公司并不是非常道德的企业,企业目标只是收集更多的数据,而不关心别人的想法,那么这种做法在短期内可能有效,能够收集大量数据,但长期看来,对企业并没有什么好处。

长期来看,公司道德水准越高,收集的数据价值越大。如果不能坦率地表明收集和存储了顾客的哪些信息,那么企业就有失去这些数据的风险,企业名声也可能受损。如果顾客清楚企业收集了什么数据,以及如何使用这些数据,一般来说顾客都很乐意让企业使用这些数据,任何人都不喜欢发现自己上当受骗。

例如,消费者买了一块崭新的苹果手表,很乐意让苹果公司收集相关数据(比如睡眠模式或每天走多少步),因为公司很清楚他们追踪什么数据,而且公司收集的这些数据有利于消费者找到更健康的生活方式,所以消费者能从中获得益处。但是,假设苹果公司将数据出售给保险公司,保险公司利用这些数据修改保险金,那么消费者是不会乐意的。

遵循以下几条数据透明化建议,消费者会更乐意买单。

第一,如果需要收集消费者或员工的信息,要坦率直言。

第二,解释收集这些信息的原因(例如,能提供更好的服务)。

第三,不要将这些信息隐藏在冗长的用户协议或条款中,消费者根本不会阅读这些协议。相关信息简单明了,并且置于醒目的位置。消费者在网购注册详细信息时,用几句话带过,这样就非常好。

第四,消费者提供宝贵的数据应得到相应的回报(例如,消费者参加调查可以享受折扣,或者说如果允许记录消费者的数据,可以简化其购物流程)。

第五,消费者拥有选择退出的权利。尽管这意味着他们将不再使用公司提供的服务或部分服务,但最好还是让消费者拥有退出的权利。

第六，尽可能使用聚合数据，聚合数据与具体的个人没有联系。例如，将信息提供给对流行趋势和热门话题感兴趣的第三方，而流行趋势和热门话题与个人没有关系，只是一个群体追求的整体趋势。

（三）确保有附加价值

当企业收集别人的数据时，诚实非常重要，如果能给消费者提供附加价值——让消费者觉得提供这些数据是值得的，也是个不错的主意。

例如，消费者购买了一台最新款的智能电视，可以在这台电视上进行设置，而且能够使用内置摄像头。这台智能电视能够对家里的孩子进行面部识别，对他们观看的电视节目进行限制。消费者大多不介意电视厂家了解我观看了哪些节目，什么时候观看，观看时间的长短，因为这能帮助家长防止孩子观看不适合他们的节目。但是，当人们得知该厂家在搜集人们观看电视的数据后，就陷入了麻烦。那么，提高透明度和增加附加价值可以解决这类问题。

企业应该通过提供质量更好或价格更便宜的产品和服务，为分享个人信息的人带来实惠。始终寻求提供附加价值，这样一来，提供数据的消费者、员工以及其他股东都会认为这种交换是平等的，从而实现多赢。

如果人们能从中获益，那么人们会很乐意为企业提供数据——尤其是当企业能去掉信息的个人标签时。如果能向大家证明企业会合法使用这些信息，人们会做出积极响应。从根本上说，这么做有利于提高数据的长期价值。如果让消费者感觉企业侵犯了自己的隐私，企业会因此失去大批的顾客，在这种情况下，利用数据更深入了解顾客就百害而无一利了。

第二节　企业财务管理概述

一、企业财务管理基本介绍

　　企业从事商品生产经营活动需要筹集一定数额的资金,并将其直接或间接地投入商品生产经营活动,当企业售出商品取得收入以后还应对实现的收益进行分配,企业的这一活动称为企业的财务活动,简称企业财务。实际上,企业财务活动是很复杂的,它涉及社会的各个领域。为了保证企业财务活动的正常进行和发挥其在生产经营活动中的作用,企业必须加强财务管理。企业财务管理是指对企业财务活动所进行的管理,它是企业的一项综合性价值管理,在企业管理中占有重要地位。要全面、深入了解企业财务管理的含义,必须进一步掌握企业财务活动的本质。

　　企业财务管理的内容,包括固定资金管理、流动资金管理、销售收入和利润的管理、专用基金管理等。有另一种观点认为,企业财务管理的主要内容为筹资管理、投资管理、营运资金管理以及利润分配管理。在一个企业中,财务管理最重要的职能就是对生产经营活动发挥指导作用。财务部门最注重数据资料研究,财务人员得到数据后,利用自身专业的敏感度,能够迅速分析业务的变动情况,从而提升对经济活动的洞察能力。

二、企业财务活动

　　企业财务管理是企业管理的一部分,它是根据财经法规制度,按照财务管理原则组织企业财务活动、处理财务关系的一项经济管理工作。它一般包括筹资管理、投资管理、营运资金管理和利润分配管理四项主要内容。

第一章　大数据和财务管理的基本理论

（一）筹资管理

筹资是指企业为了满足投资和用资需要，筹措和集中所需资金的过程，筹集的资金是资金运动的起点。总体来说，企业可以从两方面筹资并形成两种性质的资金来源：一是企业权益资金；二是企业债务资金。

（二）投资管理

投资是指以收回本金并取得收益为目的而发生的现金流出。企业投资可分为广义的投资和狭义的投资两种。广义投资包括对外投资，如购买其他公司股票、债券或与其他企业联营和对内投资。狭义的投资仅指对外投资，如购置固定资产、无形资产、流动资产等。

（三）营运资金管理

在企业的日常生产经营活动中，会发生一系列的资金收付行为，如销售商品、提供劳务、采购材料、支付工资等。这种因企业经营而引起的财务活动，称为资金的营运活动。在一定时期内，营运资金周转速度越快，资金的利用效率就越高，企业就可能生产出更多的产品，取得更多的收入，获取更多的利润。

（四）利润分配管理

利润分配过程实际是利润在国家税收、企业留存收益和投资者股利之间的划分。所以，广义的分配是指对企业各种收入进行分割和分派的行为；狭义的分配仅指对企业净利润的分配。

上述四个方面的财务活动，就是财务管理的基本内容，它们之间的关系如图1-7所示。

三、企业财务关系

企业在处理各项财务活动的过程中,会与多个利益主体发生经济利益关系,称为财务关系,一般包括以下七种关系。

(一)企业与投资者之间的财务关系

企业与投资者之间的财务关系主要是指企业的投资者向企业投入资金,企业向其投资者支付投资报酬所形成的经济关系,主要体现为经营权与所有权的关系。

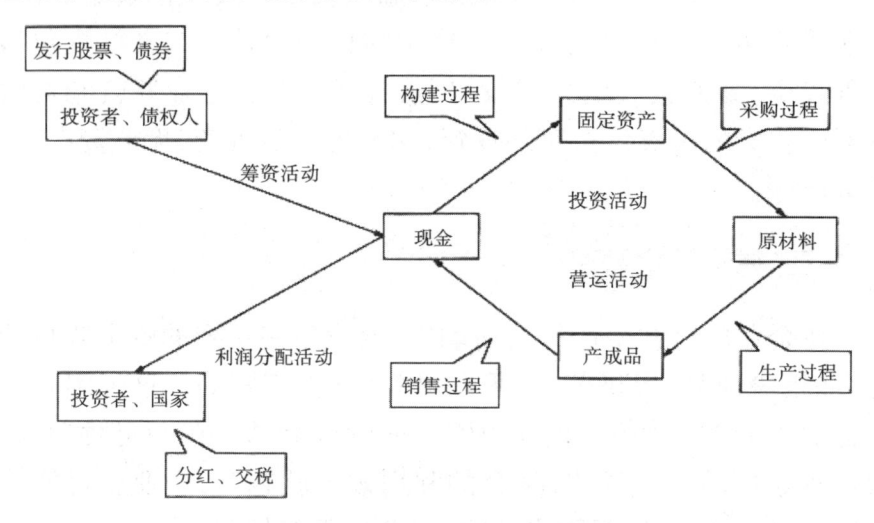

图 1-7　企业财务活动之间的关系

(二)企业与债权人之间的财务关系

企业与债权人之间的财务关系主要是指企业向债权人借入资金,并按合同的规定偿还本金和支付利息所形成的经济关系,主要体现为债务和债权的关系。

(三)企业与受资者之间的财务关系

企业与受资者之间的财务关系主要是指企业以购买股票或直接投资的形式对其他企业投资所形成的经济关系,主要体现为

第一章　大数据和财务管理的基本理论

投资和受资的关系。

（四）企业与债务人之间的财务关系

企业与债务人之间的财务关系主要是指企业将其资金以购买债券、提供借款或商业信用等形式出借给其他单位所形成的经济关系，主要体现为债权和债务的关系。

（五）企业与政府之间的财务关系

企业与政府之间的财务关系是指政府作为社会管理者，以提供公共行政管理和收取各种税款而与企业形成的经济关系，主要体现为依法纳税和依法征税的关系。

（六）企业内部各单位之间的财务关系

企业内部各单位之间的财务关系主要是指企业内部各单位之间在生产经营各环节中互相提供产品或劳务所形成的经济关系，主要体现为企业与内部各单位之间的关系。

（七）企业与职工之间的财务关系

企业与职工之间的财务关系主要是指企业向职工支付劳动报酬过程中所形成的经济利益关系，主要体现为劳动成果的分配关系。

四、财务管理的目标

财务管理目标（Goals of Financial Management），是指企业进行财务活动所要达到的根本目的。一般而言，最具有代表性的观点包括以下三种。

（一）利润最大化观点

亚当·斯密关于"经济人"假说的利润最大化目标是经济学界的传统观点，时至今日这种观点在理论界与实务界仍有较大影响。这种观点以追逐利润最大化作为财务管理的目标,但这种观点存在以下不足。

（1）没有考虑利润取得的时间。例如,某企业今年获得利润100万元与一年后获得利润100万元,哪一个利润的价值更大呢？如果单从利润额上判断,就会得出经济效益相同的错误结论。因为货币的时间价值是客观存在的,现在100万元的价值要大于一年后的100万元的价值。

（2）没有反映创造的利润与投入的资本之间的关系。例如,两个条件基本相同的企业同样获得100万元利润,一个企业投入500万元资金,另一个企业投入800万元资金,哪一个更符合企业财务目标呢？答案肯定是前者,因为两个企业所获得的利润相同,但投入额却不同,如果不考虑投入产出的比率,就不能做出正确的财务判断。

（3）没有考虑获取利润和所承担风险的关系。例如,两个企业同样投入1000万元,本年同样获得利润300万元,一个企业的利润全部实现了现金收入,另一个企业的利润全部为应收账款,有可能发生坏账损失。哪一个企业的财务管理更符合企业的财务目标？答案是显而易见的。因此,如果不考虑风险,是难以做出正确的财务决策的。

（二）权益资本净利润率最大化或每股收益最大化

权益资本净利润率是利润额与资本额的比率,每股收益是利润额与普通股股数的比值,这里利润额是净利润。这个目标的优点是把企业实现的利润额和股本投入的资本进行对比,能够说明企业的盈利水平,可以在不同资本规模的企业或同一企业不同期间进行比较,揭示其盈利水平的差异。但该指标没有考虑资金时间价值和风险因素,也不能避免企业的短期行为。

（三）企业价值最大化观点

企业价值是指企业全部资产的市场价值。企业价值最大化

第一章 大数据和财务管理的基本理论

又称为"股东财富最大化",这种观点认为,企业的所有权属于普通股东所有,企业价值最大化就是股东财富最大化。目前,理论界对企业价值的确定方法并未达成统一认识。一种比较简单的方法是:在资本市场有效的假定之上,上市公司的企业价值为公司股票的总市值,非上市公司的企业价值为市场中介机构的评估价值。所以,企业价值最大化可以表达为企业市场价值或价格的最大化,即企业价值 = 债券价值 + 权益价值 + 股票市场价值。

1. 以企业价值最大化作为财务管理目标的优点

(1)企业价值最大化目标考虑了未来收益的现值,即考虑了资金的时间价值。

(2)企业价值最大化目标考虑了投入和产出的联系,能有效地克服企业的短期化行为。

(3)企业价值最大化目标考虑了风险和报酬的关系,能有效地克服企业不顾风险,片面追求利润的错误倾向。

2. 以企业价值最大化作为财务管理目标的不足

(1)对于非上市企业,这一目标值不能依靠股票市价做出评判,而需通过资产评估方式进行,基于评估标准和评估方式的影响,这种估价不易客观和准确。

(2)企业价值,特别是股票价值并非为企业所控制,其价格波动也并非与企业财务状况的实际变动相一致,这对企业实际经营业绩的衡量也带来了一定的难度。

上述三种财务目标各有优缺点。前两种财务管理目标尽管有不足之处,但由于其直观、方便、易于考核,因而被实务界青睐。第三种财务目标尽管理论上完美,但由于其计算过程中各种影响因素难以准确界定,所以,目前理论界、实务界仍在研究和探索(在实务操作中受到一定限制)。

第三节 企业财务管理和大数据的基本关系

我们都有这样的感觉：大数据正在逼近和包围我们，因为现在人人都在讨论，企业在探讨，政府也在研究，新闻铺天盖地，理论遍地开花。数据也在不停地产生，个人、企业、政府机构、互联网，都在产生数据。各式各样的数据正在冲击我们，颇有"乱花渐欲迷人眼"和"身在庐山"的感觉，难免感到迷茫与困惑。

一、财务对大数据理解的误区

我们先从财务对大数据理解和应用的误区谈起。只有明白正在发生怎样的误读误用，才有机会更好地发现新的、有价值的大数据应用场景。但不得不说，更大的问题在于，大多数企业的财务实际上都尚未开始思考和实践财务大数据，因此根本无从谈起错误。不过，还是有一些勇于第一个吃螃蟹的企业在实践，无论对错，总是留下了一些宝贵的经验，能够帮助我们更好地思考提升。如图1-8所示，我们总结出三点财务对大数据理解的误区。

误区一	将传统财务分析强行定义为大数据
误区二	认为使用Hadoop等大数据技术架构就是实现了大数据
误区三	认为靠现有财务管理模式下的数据就可以做大数据

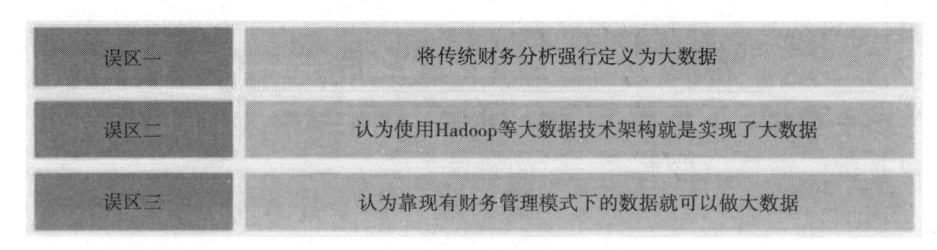

图1-8 财务对大数据理解的误区 [①]

（一）将传统财务分析强行定义为大数据

这一点是最常见的误区。一些企业财务在接触到大数据这个

[①] 董皓.智能时代财务管理[M].北京：电子工业出版社，2018：77.

第一章　大数据和财务管理的基本理论

概念后异常兴奋,感觉突然间得到了整个世界的青睐和认可,原来财务的数据分析工作竟然如此重要。一夜之间,各种喜报接踵而至,似乎企业内的财务分析人员全部都成了大数据专家,而我们从事了几十年、数百年的财务分析工作转瞬间成了大数据应用的典范。

这是一个典型的"概念炒作型"认知误区的案例。如前面所提及的,大数据的四个重要特征和传统的财务分析工作显然是不同的,传统的财务分析更多的是在有限的结构化数据基础上基于因果关系的分析。如果把原来在做的工作简单地强行定义为大数据,只能说大家对大数据的理解还是严重不够的。当然,这里也不乏一些企业在进行迎合性的过度炒作。

（二）认为使用 Hadoop 等大数据技术架构就是实现了大数据

与什么都不做,直接翻牌成为大数据模式的企业相比,这里所谈到的情况还是有些进步的。同样受制于对大数据认知的不足,一些企业财务在接收到大数据这个概念后,开始有所动作,但在认知上,他们认为大数据是一个纯粹的技术问题,以为只要使用了大数据的技术架构,将原先的财务数据和业务处理进行技术迁移就实现了大数据。

如果深刻理解了前面所谈的大数据的概念和特点,相信读者应该很容易明白这样误解的严重性。就如同英语是一种工具,并不是说把中文的家常对话用英文复述一遍就能够成为文学作品,Hadoop 等技术架构仅仅是工具,它们能够帮助你在找到大数据的应用场景后,更好地实现这些场景,而不是创造场景。

（三）认为靠现有财务管理模式下的数据就可以做大数据

还有一些企业财务对大数据的数据基础估计不足。不少人认为,只要能够把现有的财务数据,比如会计核算数据、预算数据、经营分析数据、管理会计数据充分利用起来就能够实现大数据。

当然,如果财务要走上大数据的道路,这些现有的数据是非常重要的,也应当被优先充分利用起来。但是必须意识到,这些数据基本上还是以结构化数据为主,并且局限在企业内部。如果想充分发挥大数据的优势,获得超出其他企业的竞争优势,就不应当局限于此,而应当充分纳入企业内部的非结构化数据,以及社会化数据,通过更为广义的数据基础来进行财务数据应用,从而实现预期的价值产出。

大数据方兴未艾,正在源源不断地释放出更多的能量,推动我们的产业升级、社会转型和企业转型。我们要想从中获益更多,就需要全民参与、全民破冰、全民转变观念。只有这样,数据才会成为我们的"新能源",而非"烫手山芋"。只有首先破除这些障碍,大数据在企业中才真正具有无限广阔的应用空间,成为推动企业发展的核心动力。

二、大数据时代下财务决策的新思维

大数据下的财务决策是基于云计算平台,将通过互联网、物联网、移动互联网、社会化网络采集到的企业及其相关数据部门的各类数据,经过大数据处理和操作数据仓储(ODS)、联机分析处理(OLAP)、数据挖掘/数据仓库(DM/DW)等数据分析后,得到以企业为核心的相关数据部门的偏好信息,通过高级分析、商业智能、可视发现等决策处理后,为企业的成本费用、筹资、投资、资金管理等财务决策提供支撑。在大数据的时代背景下,财务决策的产生需要新思维。

(一)重新审视决策思路和环境

财务决策参与者及相关决策者在大数据的背景下依然是企业发展方向的制订者。但是大数据的思想颠覆了传统的依赖于企业管理者的经验和相关理论进行企业决策模式,拥有数据的规模、活性以及收集、分析、利用数据的能力,将决定企业的核心竞争力。以前企业的经营分析只局限在简单业务、历史数据的分析基础上,缺乏对客户需求的变化、业务流程的更新等方面的深入

第一章　大数据和财务管理的基本理论

分析,导致战略与决策定位不准,存在很大风险。在大数据时代,企业通过收集和分析大量内部和外部的数据,获取有价值的信息。通过挖掘这些信息,可以预测市场需求,最终企业将信息转为洞察,从而进行更加智能化的决策分析和判断。

(二)基于数据的服务导向理念

企业生产运作的标准是敏锐快捷地制造产品、提供服务,保证各环节高效运作,使企业成为有机整体,实现更好发展。企业不断搜集内外部数据,以提高数据的分析与应用能力,将数据转化为精练信息,并由企业前台传给后台,由后台利用海量数据中蕴藏的信息分析决策。数据在企业前台与后台间、企业横向各部门间、纵向各层级间传输,使得企业运作的各个环节紧紧围绕最具时代价值的信息与决策展开。同样,大数据使得全体员工可以通过移动设备随时随地查阅所需信息,减少了部门之间的信息不对称,使企业生产运作紧跟时代步伐,在变化中发展壮大。在社会化媒体中发掘消费者的真正需求,在大数据中挖掘员工和社会公众的创造性。

三、大数据的财务应用

在这里,我们从风险管控、预算预测和资源配置、决策支持三个方面的场景来探讨大数据在财务领域应用的问题,如图1-9所示。

应用一	依靠大数据提升财务的风险管控能力
应用二	依靠大数据提升预算中的预测和资源配置能力
应用三	依靠大数据提升经营分析的决策支持能力

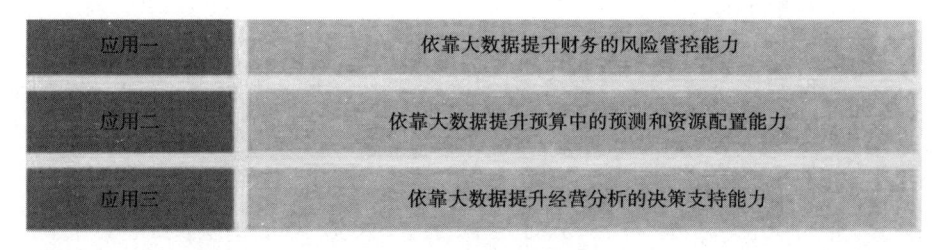

图1-9　大数据的财务应用[①]

---

① 董皓.智能时代财务管理[M].北京:电子工业出版社,2018:78.

（一）依靠大数据提升财务的风险管控能力

大数据在风险管控方面相对传统风险管理模式有更高的应用价值，这种价值体现在能够看见传统风险管理模式下所看不见的风险。其实，在金融业务领域，已经有非常广泛的利用大数据进行风险管控的案例。在财务领域，我们要怎样利用大数据管控风险呢？设置规则来辅助进行直接、精准的风险拦截，这是人工智能更擅长的事情。我们希望利用大数据来实现一些相对模糊但是有控制价值的风险发现，以及能够进行财务风险分级。在风险发现方面，大数据通过纳入非结构化数据并进行相关性分析，能够发现一些风险事件的可能特征，并根据这些特征进行潜在风险线索的事前预警或事后警示。

在这种应用场景下，不需要大数据告诉我们谁一定有问题，只要提示谁可能有问题就足够了。这种提示本身并不存在必然的因果关系，仅仅是大数据在进行相关性分析后的产物。

另一种应用是各种风险事项的分级。这里的风险事项可能是一份报销单据，也可能是一次信用评价。只要分析对象需要进行风险分别，都可以考虑使用大数据技术来实现。分级后的风险事项能够采用不同程度的应对策略，从而做到高风险事项严格控制，低风险事项低成本应对处理。

（二）依靠大数据提升预算中的预测和资源配置能力

1. 预测的提升

传统的财务预测主要是利用结构化数据，构建预测模型，对未来的财务结果进行预测。使用大数据技术，预测的数据基础可以扩大到非结构化数据，市场上的新闻、事件、评论等都可以成为预算预测的数据基础。特别是在引入大数据后，预测模型中的假设很可能发生意想不到的变化，这使得预算预测具有更高的可用性。

第一章 大数据和财务管理的基本理论

2.资源配置的优化

在传统模式下,编制预算进行资源配置时,很多时候是财务在听业务部门讲故事,资源投向受到讲故事水平的影响。大数据的出现,能够让财务人员有可能形成一定的判断能力。如基于大数据能够形成相关产品市场热点、竞争对手的动态分析,将这些分析结果与产品部门的故事进行印证,对于是否该继续加大产品投入或者是否该改变产品的设计方向都有可能形成不一样的判断和结论。

(三)依靠大数据提升经营分析的决策支持能力

如图 1-10 所示,是大数据在经营分析方面的应用。经营分析的核心在于设定目标,进行管理目标的考核,并对考核结果展开深度分析,以帮助业务部门进一步优化经营行为,获得更好的绩效结果。在这样的一个循环中,数据贯穿其中并发挥着重要的价值。

图 1-10 大数据提升经营分析决策支持能力

传统的经营分析模式同样面临数据量不足、依赖结构化数据、关注因果关系等问题。大数据技术有助于提高经营分析的决策支持能力。

在传统方式下主要是通过分析自身历史数据、行业数据以及竞争对手数据,再结合自身战略来设定目标的。因此,目标是否合理在很大程度上依赖于参照系数据的可用性。大数据能够帮助企业更好地认清自身情况,更加客观地看清行业情况和竞争态势。特别是后两者,在传统模式下数据依赖于信息获取渠道,而大数据将整个社会、商业环境都转化为企业的竞情分析基础。在这种情况下,目标的设定将更为客观、合理。

在事后对目标达成情况的解读上,和传统财务模式相比,大数据基于其对相关性而不止于因果关系的挖掘,能够找到更多靠传统财务思维无法解读到的目标结果相关动因。针对这些新发现动因的管理,有可能帮助业务部门获得更加有效的决策建议。

四、财务实现大数据应用的条件基础

财务要实现以上大数据应用还需要设法构建相应的条件基础。

(一)技术

虽然我们再三强调,大数据并不仅仅是技术的事情,但不得不承认,没有技术是万万不行的。对于大数据来说,传统的技术架构是无法支撑的,2017年最新出炉的《大数据生态地图3.0版本》和2012年FirstMark资本的Matt Turck绘制的《大数据生态地图2.0版本》相比,大数据的生态环境正在发生着突飞猛进的进步。虽然Hadoop已经确立了其作为大数据生态系统基石的地位,但市场上依然有不少Hadoop的竞争者和替代品,一些新的产品热点也在不断涌现。

(二)人力

大数据的应用,在技术背后还增加了对人力的新的需求。一方面,需要更多高端的数据分析师;另一方面,也加大了对基础数据处理人力投入的需求。高端数据分析师既可以通过鼓励现有的财务分析人员提升转型获得,也需要进行有针对性的人才招募。在基础人力方面,数据工厂将被提上议程,基于财务共享服务模式的数据中心可能是解决日常数据管理的核心力量。

大数据和财务的结合将具有承上启下的重要意义,面对过去,能够更好地解决现有财务的挑战;面向未来,能够为人工智能和机器学习奠定基础。

第二章 大数据时代企业运营管理

　　大数据时代的来临,对各个领域传统的企业经营管理模式带来严峻挑战,企业管理将发生巨大变革。未来,大数据在企业管理中的运用将十分广泛,但大数据时代机遇与挑战并存,新兴企业不断兴起,大批企业被淘汰出局。

　　市场调查显示,70%的企业要么已经启动了大数据战略,要么正在酝酿之中。或许一般人会觉得大数据这种东西只适用于大公司,而这些大公司会利用数据继续拓展规模。那么大数据能为小企业以及个体户带来均等的机会吗？答案是肯定的。大企业能仰仗自身的客户数据库和监测数据来提高分析算法的能力,而一般的小企业却鲜少有自身数据的支持。但这并不代表大数据在小企业中没有用武之地。小企业同样能从已生成的现有大数据中获益,也同样能购买数据服务程序,甚至因此更加专注自身数据的收集。

　　如果一个企业不能及时灵活应对大数据所提供的信息,那么就算分析出最有效的商业见解也是毫无用处的。因此,在许多方面,大数据反而会适用于小企业而非大公司。小企业往往具有灵活性,这样在面对大数据分析出的商业见解时,就能快速高效地完美应对。

第一节　大数据时代企业定位分析

　　随着人类知识,特别是科学技术方面的知识井喷式地增长,

第二章　大数据时代企业运营管理

知识在现代社会价值创造中的功效已远远高于人、财、物这些传统的生产要素,成为所有创造价值要素中最基本的要素。在经济全球化、全球信息化的背景下,知识形成产业化经济,知识密集型的软产品,利用知识、信息、智力开发的知识产品所载有的知识财富,将大大超过传统的技术创造的物质财富,成为创造社会物质财富的主要形式,现代企业的业务增长则越来越依赖于其中的知识含量的增长,即所谓知识和技术创造了新经济。可以预期不久的将来,知识密集形成的高度发达的生产力和差异化市场定位是企业的"安身立命"之本。在新一轮的竞争中,企业必须在明晰大数据特点的情况下,变革企业管理思维,并结合大数据在企业管理中的应用,以此找准企业在大数据时代下的角色定位。

一、大数据摸透消费者心思,挖掘市场潜力

北京天尧信息技术有限公司首席数据官郭海明认为,数据资产逐渐成为企业最有价值的资产,特别是在金融企业中,数据将成为企业精细化运营过程中不可缺少的血液,数据驱动决策将是大势所趋。现在,很多金融机构掌握着大量数据,但不知道怎么用,缺乏对数据的整合、分析。"要知道,数据本身并不会产生价值,只有有效利用数据,将大数据应用到业务中去,才能发挥最大价值。以消费金融为例,国家近两年出台了很多扶持消费金融发展的政策,但是消费金融发放的贷款基本上是无担保、无抵押的,坏账的催收难度系数很大,只有在大数据分析信用风险模型的基础上,精准刻画违约客户的特征,把信用风险降到最低,消费金融的盈利模式才会逐步清晰。通过大数据挖掘技术不仅可以更深层次地了解用户的消费行为,还能促使互联网消费金融信用评估体系的不断完善。"

理解客户和市场需求的三大关键链条:一是要有一份丰富完整的客户信息图表,包括他们的身份、所处位置、购买需求等;二是一定要识别产业内全局趋势,这关系到新产品和服务的开发

和提供方向；三是一定要看到当前的竞争形势。大数据对这几个方面的认识均有帮助。社交媒体已成为一个极其有价值的数据来源，如果你窥伺到了社交媒体所提供的趋势可能性，那么一些商业活动，诸如辨识缝隙市场以及分析顾客反馈等就会比较容易开展了。

（一）全方位审视消费者

这是现今大数据运用最大、最公开的领域了，这里的企业能够使用大数据来更好地了解客户以及他们的购买行为和喜好。企业可以全面了解客户购买动力、购买原因、购买偏好、改变购买习惯的原因、下一步要购买的商品，以及推动他们向别人推荐某个公司产品的因素。通过分析客户反馈，公司也能更好地和顾客交互接洽，提高产品质量和服务水平。

客户的完整信息图表可综合包含以下内容：传统内部数据、社交媒体数据、浏览器日志，以及文本分析和传感器数据。企业亦能利用大型公开数据集来搜集关于客户的深入见解。

在许多行业，联销公司或枢纽公司如雨后春笋般涌现出来，为企业们提供了大量数据服务。其中一个实例便是Factual.com，这个公司为企业提供很多位置资讯，并以更多个性化的经验和建议帮助企业服务于自身的客户。此外，其他一些服务和工具使企业试水和预测投资收益变得更加容易。例如，Adestra、Marketo，以及IBM收购的Silverpop，它们都为企业提供数据驱动的营销自动化，这些数据可能来自企业本身，也可能通过购买或公共档案获得。

像美团和饿了么这样的外卖订餐网也不失时机地跳上了潮流的舞台，通过它们，客户可以在智能手机上直接下单订餐并获得配送服务。数以千计的餐馆与之签约，注册成为商家，通过利用上面的数据，他们得以了解顾客通常都订什么菜，一周中的哪几天会是订餐高峰期，以及当地其他客户会光顾的餐馆都有哪些。利用这些数据，店主可以选择送餐的最佳位置，也能安排送餐和促销时间表,并且进一步优化自家餐厅的菜单来迎合客户的口味。此外,店家还能获得一些十分有价值的衡量指标,比如顾客住址与餐厅的平均距离是多少,一般客户都花多少钱,以及客户的用餐时间。

(二)充分利用社交媒体的力量

对于任意一家企业而言,社交媒体是明显而强大的数据来源。所有的大型社交平台都能为企业提供定向广告,帮助企业精准地针对特定年龄组及地理区域,从而把产品和服务销售出去。一个有效的社交平台活动可以为您带来大量的点赞、转发分享和评论,这些内容能够为企业带来目标客户及其反馈的深刻见解。

企业分文不花,就能利用社交平台来观察各式各样的人,了解他们谈论的事——然后根据这些内容就能确定其可能对自身的产品和服务需求产生的影响。

例如,在推特(Twitter)这个平台上,几乎所有的即时对话都是公开有效的。因此,对消费者来说,它用起来比其他大部分平台都容易,而且它是互联网受欢迎的社交媒体,这样的地位也巩固了它的价值。2014年,IBM宣布与推特(Twitter)合作,为企业提供新服务,帮助它们从推特(Twitter)的推文中获取商业信息见解。虽然参与早期服务测试的公司名称尚未公布,但是IBM给出了几个发掘出来的商业见解的例子。其中包括一家通信公司,通过对因恶劣的天气客户最有可能受到服务损失影响的预测,将客户流失率降低5%。另外,还提到了一家食品和饮料零售商,他们发现,员工更换率太高是影响忠实客户价值的负面因素之一。

(三)了解并预测业内趋势

能够预见未来,是不是棒极了?如果有个魔法球或者时间机器,你就能扫除所有猜测,果断做出商业决策,还能直接看到劳动成果,立马知道目前所做的一切努力是否都在正轨。这就是趋势发挥作用的地方。一家企业，无论是要逆势而动还是顺势而为，都需要尽力在行业实践、客户的消费行为，以及任何能改变企业底线的因素当中发现这些趋势。

通过测定并监控消费行为和消费模式，企业决策者可以尝试预测事物的走向，预测对于产品和服务的需求如何随时间推移而变化，以及是什么促成了这种变化。为了应对这种变化，企业该做什么呢？是在需求低迷时提高需求量，还是在需求旺盛时提高供应量？直到最近，趋势分析和预测还是得依靠本能直觉——对自身能力有信心的人往往能产生这种直觉，并助其在商业活动中保持领先，或在与竞争对手的交锋中处于优势地位。现在，大数据就像一个魔法球，它消除了商业活动中大量的直觉因素。

营销是理解和预测趋势的一个很好的例子。随着社交媒体和互联网的出现，人们开始习惯于（自觉和不自觉地）分享许多有关自身的数据，比如他们的兴趣、习惯、好恶等，而精明的销售人员就会迅速地将其利用起来。网络上每天都有热门话题闪现，这样就比以前更容易发现人们在寻找和需求的东西，然后就可以销售相应的产品和服务以满足这些需求了。

在大众察觉到自己想要什么之前，就能知道他们想要的东西是什么，这种能力是每个企业都在寻求的法宝。在零售业里，不论是线上还是线下的客户行为，每一个微观细节都可以反复推敲。将这些数据与外部数据，如一年中的时间、经济条件，甚至是天气进行对比，便可建立一个细节图，上面描述了消费者可能购买的东西和时间。例如，一家有机农场商店，那么天气数据就能帮你提前确定大量出售香肠和冰激凌的可行时间。这一信息还可以告知你的生产、库存水平以及营销活动。

这种技术的大部分是基于免费的开源软件，或者依靠价格便宜的软件即服务云解决方案。许多企业通过像谷歌（谷歌趋势是一个了不起的工具）这样的公司和政府服务（datagov.uk）提供的免费且庞大的公共数据集获得了非常宝贵的见解。这种技术为许多企业自行预测未来市场的尝试提供了完美可行的方式。你可能还未掌握能真的看到未来的技术,但是现在你已经能够消除直觉因素,以冷静、坚实的数据为驱动产生商业见解。

(四)评估竞争对手

过去企业只能通过行业八卦或者竞争对手的网站或店面来了解对手。一些竞争对手可能会冒充客户,以了解更多关于对手服务或产品的信息。然而,现在你都几乎不用离开你的办公桌,便能发现竞争对手的动向。

现在,获取竞争对手的大量资料并非难事,财务数据唾手可得,谷歌趋势可以分析有关品牌或产品的受欢迎程度,社交媒体的分析也可以表明受欢迎程度(例如大众提及某个公司的频率),并且能显示客户的评价。这样,现在你对竞争对手的了解比以往任何时候都要多得多。

当然,另一方面,竞争对手也会收集到有关你的公司的更多信息。除非你想完全退出线上经营以及社交媒体平台(不推荐现代企业使用),否则你对此无能为力。保持领先的最佳方式就是阅读此类书籍,掌握大数据的最新进展,并将其视为商业生涯的一部分,而不仅仅是一次性项目或投资。

二、大数据改善经营方式

大数据也被越来越多地应用于优化企业流程和日常运营上。通过任意一种商业流程(比如,生产线机器、送货车辆上的传感器以及客户订购系统),利用其生成的数据能改进并提高效率。

(一)增进内部效率

对于以制造业和工业为重点的公司,机器、车辆和工业器具可以"智能化",这就意味着这些产品之间可以相互连接、数据互通,并能不间断地互相汇总各自的状态。从 IT 机器到传感器和仪表,以及 GPS 设备,任何东西均可包含于机器数据中。

企业通过使用这些数据进行运营分析,可以实时了解自身运营状况。通过对各个方面的产业运营进行监管和调整,以获取最佳性能来提高效率。对机器而言,如果能确切知道更换磨损部件的最佳时间,就不会时不时发生故障了,此外,它还减少了昂贵的停机时间。

此种数据的运用不仅限于制造业。例如,在零售业中,公司能够根据从社交媒体数据、网络搜索趋势和天气预报生成的预测来优化存货。这样商店就能存储最受欢迎的商品,确保销售旺季时间,减少不必要的库存量。根据所选的系统,甚至可以进行自动化设置。当识别出某些条件(例如,某一货品的现有库存低于设定数量)时,库存会自动补充。

(二)改善运营模式

数据甚至可能成为公司运营模式的一部分,通过数据,公司可以以一种振奋人心的新形式创造收益。例如,脸书虽然对用户免费,但它历来也是通过广告来创造收益的。现在脸书公司利用用户本身的海量数据,通过整合把某些可用数据提供给企业。其中一些数据是免费的,但另一些是收费的,这样就为脸书创造了一个新的收入来源。可能有的企业不是像脸书这样的大数据巨头,甚至可能连"大"规模的数据生成都做不到,但企业的运营模式却仍可能受到数据影响。若有能力生成数据,你会发现数据所表现出来的价值是远大于其本来目标的。

显然这些数据的运用可以"锦上添花"。在数据的帮助下,大多数企业开始制订他们想要实现的一个特定目标(或一些目标),而且以坚持目标为乐。但若要一直保持新可能性的开展,数据就是一种好方式。

(三)优化供应链

对供应链或者说是配送路线的优化,是一个从大数据分析中获益巨大的业务流程,这主要是因为它是一个拥有丰富数据的领域。在这一领域，利用 GPS 和传感器对货物或运输车辆进行跟踪，并通过整合实时交通数据等优化路线。可在车辆或各个货盘上放置一些低价的传感器，或者企业也可以使用驾驶员的智能手机来跟踪进度。

在这里举个非常贴切的例子，快递公司就使用智能手机中的 GPS 传感器来跟踪快递员，这就为公司提供了关于如何优化递送路线的新见解：通过跟踪快递员的位置，并使用公开可用的数据监控交通状况，便能够更快更有效地向客户递送，这就意味着货物配送迟到的情况更少了。

三、绩效预测

预测分析与测定趋势密切相关，是大数据的关键用途。简言之，它可以预测人们想要什么（以及什么时候需要），或者在公司运营中起作用的因素，以及对假想的测定。利用这一优势，数据可以用成千上万种方法来帮助企业运营。

（一）解锁数据集间的联系

在数据处理上，公司往往会走向数据孤立的误区，但是如果能将各项数据组合起来看，就能抓住很多有趣且发人深省的结合点。

数据的价值在于数据集的组合以及它们之间发掘出来的联系。通过查看多个数据集，便可以构建出关于客户、销售情况、产品成功与否等更加完整的框架图。为此，可能还需要内部和外部数据，以及传统的结构化和混乱的非结构化数据的组合。

假设想更好地了解客户，并预测哪些客户应当是展开营销的重点。要想真正了解这一点，你就得将这些数据结合起来：一是内部数据，如交易和财务数据（是不是某些特定客户比其他客户更有利可图呢？）；二是外部数据，比如，地理和人口统计数据。使用这些数据组合，便可以深入了解哪些客户是企业未来应该定位的客户,而结果可能会令人惊讶。

(二)用大数据作为试验平台

人类都是通过一定程度的实验,才发明出了一切实用的东西。从车轮到青霉素,从飞机到iPhone,人们不断构思新想法,又经过反复的试验和失败,然后不断改善并再次试验。使用大数据作为测试平台,可以测试不同的假设,衡量对各种因素(如客户满意度)的影响,并分析结果,才能得出以事实为依据的结论。如果结论有利,那就用其推动产品或服务的发展。如果没有,那就摒弃它,或者重新构思并再次进行试验。

测试假想是一种很好的商业意识。很多企业多年来也一直在不断实践,比如建立焦点组和组织市场调研。数据只是在商业过程中增加了一个额外维度和严谨性。

所有的商业实验均始于可测试的假设或设想。例如,测试一个假设,即推出新的客户服务培训计划会提高客户满意度和利润率。这个假设看起来似乎很合理,但是正确与否还需要进一步测试,而非仅仅假设。接下来就是设计一个适用的测试,如只培训一部分员工,其他人先不培训(从而可以看到如果不进行培训的情况下会有什么结果)。然后分析数据以确定结果,并付诸适当行动。例如,是否应以这种方式培训所有工作人员?在此例中,通过分析受过培训和没有受过培训的员工之间的差异,可以判断是否达成了期望的结果(提高客户满意度和利润率)。

尽管预算和预期效果都会等比缩小,但是小公司还是可以从大公司的商业试验中学到很多东西。易趣网是测试网站革新的行家。网站管理者对网站的各个方面进行了成千上万次的实验,而且因为该网站每天可获得超过10亿次的网页浏览量,他们能够同时进行多个实验。对于小企业而言,因此可以轻松实施比较简单的A面/B面实验(在这个案例中,就是对同一网站的两个版本进行比较),以了解网站的变化对整体黏性(客户在网站上花费的时间)和销售量有何影响。

考虑到现在可支配的数据和分析工具的丰富性,以及与客户和其他利益相关者的日益增长的连通性,商业经营实验是测试新产品、产品或服务升级的相对直接的方法。但是请注意,这个想法是为了测试可行性,而不是为了证实假想(这是个容易落入的陷阱)。对实验失败进行惩罚的企业应该记住,错误往往是通往成功道路上的垫脚石!

四、大数据优化企业战略决策

大数据时代大变革当代社会人们的生活习惯,也给人们的工作模式带来了巨大变化,特别是对于企业管理决策模式的转型。这种变化不仅仅是涉及企业管理决策环境数据以及人员等,更多还会对管理决策模式产生重大影响,改变过去的经验所带来的巨大误差,使得决策也会变得更加公平、合理、科学、有效,从而为企业发展提供重要保证。

第二节 大数据时代企业财务体系的构建

一、大数据时代企业的决策变革

决策理论学派认为,决策是管理的核心,它贯穿于管理的全过程。企业决策是企业为达到一定目的而进行的有意识、有选择的活动。在一定的人力、财力、物力和时间因素的制约下,企业为了实现特定目标,可从多种可供选择的策略中做出决断,以求得最优或较好效果的过程就是决策过程。决策科学的先驱西蒙(Simon)认为,决策问题的类型有结构化决策、非结构化决策和半结构化决策。结构化决策问题相对比较简单、直接,其决策过程和决策方法有固定的规律可以遵循,能用明确的语言和模型加以描述,并可依据一定的通用模型和决策规则实现其决策过程的基本自动化。这类决策问题一般面向高层管理者。非结构化决策问题是指决策过程复杂,其决策过程和决策方法没有固定的规律可以遵循,没有固定的决策规则和通用模型可依,决策者的主观行为(见识、经验、判断力、心智模式等)对各阶段的决策效果有很大影响,往往是决策者根据掌握的情况和数据临时做出决定。半结构化决策问题介于上述两者之间。战略决策问题大多是解决非结构化决策问题,主要面向高层管理者。

企业战略管理层的决策内容是确定和调整企业目标,以及制定关于获取、使用各种资源的政策等。该非结构化决策问题不仅数量多,而且复杂程度高、难度大,直接影响到企业的发展,这就要求战略决策者必须拥有大量的来自企业外部的数据资源。因此,在企业决策目标的制订过程中,决策者自始至终都需要进行数据、信息的收集工作,而大数据为战略决策者提供了海量和超大规模数据。

二、大数据时代的财务管理体系应聚焦落实财务战略

自从 2008 年世界金融危机引发经济危机以来,不论是欧盟、美国、日本经济体,还是以中国为代表的新兴经济体,都经历着经济增长下降,尚未找到经济新增长点的痛苦。作为国家经济主体的大型集团企业,在经济环境的压力和竞争的威胁下,自身的转型及管理升级更加重要。20 世纪 80 年代,以福特公司为首的大型跨国企业推出了一种创新的管理模式——共享服务管理模式(SSC),通用电气等大的跨国公司是最早推行这一管理模式的公司。据了解,"共享服务"的服务范围包括财务、人力资源、法务、信息技术、供应链管理、客户服务、培训等。2013 年 12 月 9 日,财政部《企业会计信息化工作规范》第三十四条明确指出:分公司、子公司数量多、分布广的大型企业、企业集团应当探索利用信息技术促进会计工作的集中,逐步建立财务共享服务中心。

为顺应时代发展,作为亚太本土最大的管理软件及服务提供

商,用友公司针对大型企业管理与电子商务平台,推出用友NC产品。多年来,用友NC根据大型企业的需求不断改进,融入财务共享中心解决方案,其财务共享服务的总体思路是:搭建财务共享平台,实现集中作业,前后台分离,将财务责任主体与作业主体分离,明确企业财务的管理中心、服务中心与服务对象的职能分工,实现集中应收、应付、费用报销服务、集中资金结算、集中会计核算、报告和资产、薪酬服务,有效控制成本与风险。用友财务共享中心解决方案旨在帮助集团企业建立符合中国国情和企业实际情况的财务共享中心,具体的解决方案包括:动态建模平台支撑财务共享服务中心的组织模式;流程管理平台支撑共享服务模式下的业务流程再造;财务核算体系的标准化和自动化、防错处理提高服务质量、减少人力工作量和降低业务风险;影像及条码管理,解决异地原始单据稽核难题;建立共享服务中心指标监控仪表,合理评价绩效;多接入端的员工自助应用,提高共享服务的应用体验;NC的国际化能力支撑全球开展财务共享服务。

三、提升大数据时代的财务战略管理水平

(一)合理利用数据

大数据并不是万能的,在企业管理中,数据只能作为参考或者作为指向性的方针。其并不能解决企业任何方面的问题,尤其在当前条件下,基础数据的真实程度十分低,如果说在数据处理的过程中错用了这些数据,那么得出的结论往往有所偏差,企业如果盲目地相信这些数据,那么所造成的后果会十分严重,所以企业的运营管理还是需要结合自身发展经验和当前的社会现实的。大数据并不是万能钥匙,迷信盲从的结果往往是自毁前程,企业应合理利用大数据,同时更加需要智慧。

(二)以企业实际需求为出发点

由于大数据的利用需要大量的硬件设施投入和人力成本,所

以在企业管理中,利用大数据的时候需要做一个全面的把控,结合自身的实际制订适合自己的大数据框架体系。就国内目前对大数据使用的现状来看,我国商业智能、政府管理以及公共服务方面是大数据利用最多,同时也是贡献最多的领域,而企业需要结合自身的实际去使用大数据。从投入成本来看,大部分企业没有足够的能力来使用大数据进行企业管理变革,企业方不要一味地去追求建立自己内部的数据系统,可以考虑用其他的方式来解决,如将自己的企业数据外包出去。

第三节　大数据对财务管理的作用与影响

　　基于大数据的处理和分析,可以使企业财务数据实现重大变革,为企业带来巨大的价值增值。财务工作的对象是相关的财务数据,这一本质特征决定了在大数据时代,财务工作必定会随着大数据的发展而不断改革创新。会计数据作为企业数据的核心,顺应大数据时代潮流,财务数据已由原来简单的核算记录工具转变为影响企业经营决策的重要因素,是企业在日常经营过程中重点关注的战略资源。同时,在数据的来源、价值、形式等方面呈现出了重要的新特征,这对企业的财务管理工作提出了新的要求,也是企业重新审视财务战略的新契机。大数据推动企业管理的变革表现为数据的资产化、企业拥有数据的规模和活性,以及收集和运用数据的能力,这些将决定企业的核心竞争力。掌控数据就可以深入洞察市场,从而做出快速而精准的应对策略。

　　从财务管理工作的发展历程看,复式记账法的出现使经商开始纳入数据化管理的轨道。大数据是一种无形的信息资产,数目繁多并且变化多端。因此在数据处理的环节,相关的专业人员要拥有果断的解决问题的能力、较强的洞察问题的能力。如果使用传统的数据处理的方法,则很难控制好数据信息。尤其是大数据中的图像和视频,以及非数据化的内容导致了数据的处理过程变得十分复杂。大数据时代所拥有的数据规模大、产生速度快和时效性强的特性,要求企业要先进行有效的存储然后再进行管理和使用。

一、大数据对财务管理工作的作用与影响

大数据时代的来临,对企业的财务管理工作有很大的影响,尤其是在财务汇集、预算管理等方面。并且在大数据时代背景下,企业可以根据科学化的分析预测市场的发展走向,将市场上各种各样的信息综合起来,选择对企业有价值的数据,还可以拓宽企业资金的筹集范围,给企业的财务管理工作带来很大的影响。

(一)大数据在财务管理中的作用

1. 可以更快地了解市场走向

如今在大数据时代中企业通过对大数据技术的应用,就可以及时迅速地获得市场的动向与趋势,从而可以对企业及时地进行相应的调整,然后再通过大数据技术,促使企业从中提升信息分析和处理的能力,以此来帮助企业在运行中发掘隐患或威胁。当财务人员在分析结果中获得相关财务信息的时候,就可以从这些数据中轻易地发现其转变带来的异常情况,然后再进一步地去探究其原因,与此同时,还能够从中得知目前企业的运行是不是会存在一定的风险与隐患。不仅如此,还可以通过对管理的转变,以及技术方面的改革换新,对内部管理及时作出相对应的调节措施,这样就可以让企业内部管控和财务管理水平得到改善。

2. 可以迅速地对市场信息进行综合

现如今企业可以通过对大数据技术的应用,在市场中对信息更加快速地进行综合,然后从中获得较为明显的企业投资收益。在不少企业经营的过程中,他们除了会依赖其自身存在的发展来

获取更大的经济效益之外,通常还会善于把握时机,从投资方向上再次获得更大的经济效益。对于大数据技术来说,其不仅能够为企业的财务管理带来更好发展,而且更为精确的投资信息还可以让企业在适应当下市场环境变换的情况下实施相应的投资策略,从而实现企业投资回报率最大化。

3. 可以拓宽企业资金筹集的渠道

通常情况下企业在进行财务管理的时候,再加上大数据技术环境中信息的共享特性,都会使原本只依赖于借贷筹资的方式有所改变,从而形成现有的多样化的资金筹集方式。如今一般数据信息都是通过资本市场从相对应的信息共享平台中获取而来,通常都是运用债务转股权或重组合并等各种不同的方式,从而让企业可以开拓资金筹集渠道,最终在降低了资金筹集成本的情况下,给企业带来更多的经济效益。但是目前在这种情况下的信息共享性质,已经明显突出了信息不均衡的现象,这无疑促进了企业可以从更多的方向进行财务决策。

(二)大数据对财务管理工作的影响

在信息领域,大数据的应用越来越广泛,它的容量非常大,内容非常丰富,速度也非常快,由时代的发展也可以看出,传统企业的经营方式必将改变。大数据推动了企业创新,特别是对企业财务管理工作方面具有很大的影响,既带来了一些机遇,也带来了挑战,使得企业在财务管理中的理念、方法和技术都发生了变化,提升了管理水平。

大数据是信息发展的必然产物,给传统企业财务管理工作带来巨大冲击,使其在财务信息的收集、处理、反馈方面都不得不做出改变,由此也可以知道,企业的财务管理工作正向着积极的方向发展。

1. 提高财务数据处理和信息获取的效率

之前财务管理工作主要是采用手工记账的方式,这种方式就会存在很大的问题,如会浪费很多的时间,准确度还不高,数据在处理方面也会经常出现错误等,这些问题不仅使得成本花费较高,也会影响财务工作的运营,导致企业内的信息不准确,没有将财务数据的功能表现出来。另外,财务数据还具有传导性,因为流程极其复杂,工作量特别大,使得数据的处理工作没有什么成效,这也间接妨碍了其他部门的工作,使得企业所花费的成本增多。在大数据时代,可以利用数据的整合能力以及先进的处理、分析技术,提高财务数据的处理效率,让企业可以实时、有效地分析财务数据,并将这些数据上报相关部门。还可以运用云端的计算和存储能力,让企业内部的财务信息形成合理的框架,让这个数据看起来更标准化,提高财务信息的准确性。

2. 改善财务分析和预算管理的能力

在企业的实际运营过程中,进行财务预算管理是非常重要的,企业绝对不能忽视对这一项的管理。财务预算管理指的是将企业内部的资金流整合在一起,分析其外部经营环境,还需要对下一个阶段财务的使用和管理情况作好报告,预估企业当下的财务实力,为未来的融资规模预测等财务计划提供依据。近几年中国的经济在逐步低发展,发展增速明显放缓,企业资金的流动性变弱,使企业的预算管理变得很难。另外,还有好多企业预算管理没有一个有效的指导,缺乏一定的规划,这也使得数据处理的准确度变得很低;在分析数据的过程中,其技术也比较落后;在管理的控制过程中,其信息化的方式不够,就会使得财务预测的水平比较低,不能给企业提供一个较高的财务信息,实现财务资源的合理配置。

在大数据时代,可以采用先进的科学技术手段处理财务信息。一方面企业可以获取更多有价值的信息;另一方面企业还可以借助大数据、云计算等科学技术创建企业财务预算管理系统,能够快速地、准确地获取数据,并且还能够在这个前提下分析、预测企业未来的资金流向,为下期预算编制提供可靠的基础,能够有效地提升企业的预算管理,改善财务部门的预测分析能力。

3. 加强企业财务的风险管理和内部控制

在现代企业经营管理中,企业风险管理越来越重要,占有非常重要的地位,由于许多外在因素的影响,加上现在市场环境的复杂性,对于企业来说,如何应对财务风险是极其重要的,企业必须重视这个问题。现代企业所面临的风险非常多,内外部环境都不稳定,企业必须采取有效的方式争取资源,完善内部控制机制。对于企业财务风险管理来说,内控机制是基础,把两者有机地结合起来,能够有效地应对财务风险中的问题。在信息化时代,大数据技术的应用以及信息平台的建设,能够给企业带来准确的、真实的财务信息,并且还可以采用智能化的处理系统帮助企业有效进行风险识别和判断,防止风险的出现。

对于风险的识别和判断,可以从以下两个方面进行:①风险预警和防控。通过大数据的处理系统,能够随时随地地观测财务信息,还可以追踪财务信息,利用智能分析来观察企业的资金走向,能够防控企业财务风险的产生。②风险管理。利用大数据技术和信息处理系统,在发生财务风险以后,能够及时迅速地解决问题,将影响范围缩小到最小,把成本损失降低到最小。

4. 促进企业财务人员的角色和职能转变

从传统的企业财务管理的角度进行分析,财务人员的工作主要是在会计的基础上记账核算和财务报表分析,在管理上并不是特别的卓越,反而会存在一些不足之处,其实也是企业经营者直接命令执行者。现在是大数据时代,其数据的数量是无法想象的,对于财务管理工作人员的要求也更高,其专业知识必须牢固,还需要拥有对数据的分析和处理能力,将财务工作与其他工作联系起来,实现企业财务管理的职能转变,朝着管理型会计的方向发展。现在市场的竞争越来越激烈,谁能掌握资产,将企业的价值发挥出来,谁就可以在日益激烈的市场中稳步地前行。在财务管理工作中运用大数据技术,不仅可以帮助财务人员解决繁杂的数据,处理财务工作中遇到的麻烦;还可以充分地认识财务数据与企业之间的联系,掌握基本的财务信息,让企业能够及时地发现一些财务问题,并迅速地解决问题。

5. 提升财务管理信息对企业决策的支持力度

对企业来说,财务信息是一个比较重要的概念,企业可以根据自己的基本情况制订财务准则,根据这些准则,可以确认企业的资产以及经营情况。然而在分析企业的财务信息时,也会因为一些其他的问题影响财务信息基本的情况,为了解决各种各样的问题,也就出现了后来的管理会计,能够更好地运用财务信息。在大数据时代下,企业需要获取各种各样的信息,这就需要把财务信息和其他信息结合起来形成一个数据库,便于企业的决策管理工作。举个例子,互联网企业能够运用客户数据分析体系,分析单据和购买客户的地域分布、年龄结构、消费习惯等,以此来判断客户对产品的需求和爱好,从而根据客户需要制造产品,增加企业的收入。

6. 为企业发展提供经济效益

信息技术的发展和大数据时代的来临,能够推动企业财务管理工作的开展,提高企业在财务管理方面的工作。大数据时代下,企业要追随时代的步伐,在财务管理工作方面也要顺应时代的发展利用先进的技术来提高企业的经济效益,有利于降低企业的成本,保障企业的经济效益,让企业为了适应时代的发展,制订科学合理的工作模式,提高工作效率。每隔一段时间,企业都要统计分析数据,从过去的数据中分析企业过去一段时间的经营情况,找出经营不好的原因并解决这些问题,使得企业朝着更好的方向发展,也为企业在以后的发展中提供一定的数据基础。在信息化时代,信息的传播非常快,并且其在时间方面的要求也非常高,但是传统的数据统计却没有达到这方面的要求,这就限制了企业财务信息的发展，使得企业财务信息的统计不是那么的高效。所以，在大数据时代可以为企业的财务数据提供保障，从而在整个过程中实现丰富的资源模式。企业在未来的发展中，可以根据大数据的财务发展过程，有步骤、有计划地进行信息处理，从而将资源合理地安排在企业内，让企业能够更便捷地选择数据信息，从某种程度上来说，有利于企业未来的发展。

二、大数据对企业财务信息化的影响

（一）财务信息化逐渐变成会计工作中的重要工具

在最近几年中，大数据的交易规模日益增长，会计核算与管理的信息化也随之成了势不可挡的必然趋势。由于企业在以往的创建中，会计制度和会计核算的模式及信息化的系统，早已不能够满足时下企业的交易和发展需求，然而信息化管理只不过是会计核算中财务信息化的一个部分，其并不能使业财融合成为现实。因此，企业必须同时兼顾财务信息化，不仅要格外重视，还必须加强投入建设力度，从多角度、全方位进行思考与规划。特别是要根据大数据时代的会计核算数据量大、处理周期短等各个特点，从而制订一套适用于企业会计信息化的发展方案，以此来处理企业会计及企业交易在大数据时代中的特点与存在的问题，之后通过对信息化技术的应用进行优化，从而加强企业的核算能力，促进财务信息处理的及时性，同时确保会计信息的准确性、真实性、完整性和可靠性。

（二）企业财务信息的收集变得十分简单

企业财务管理在很长的一段时间里，主要是通过人工来进行操作的，但是当其执行各个经济活动任务的过程中，就必须要有一定的项目数据作为基础才可以展开，因此，必须及时收集相关企业的财务信息，只不过对于企业来讲，通常这一环节都是相当困难的，运用传统的模式进行人工收集是十分困难的，不仅是对人力、物力的一种极大的消耗,同时还有可能在某种程度上阻碍企业发展前进的脚步。

在大数据时代来临之后,企业的财务信息数据收集就不会像之前那样困难,只要利用各种信息收集工具,就能够科学快速地将其完成,同时其实效性还相当可观,一般情况下,运用这种方式收集回来的数据都存在极高的准确性与全面性,恰恰可以提供实际的依据为下一步的决策所用,从某种程度上也提供了极高的科学性,帮助财务管理进行决策。当下由于企业财务管理和经营环境之间存在着一定的直接联系,而在大数据时代下交易方式也在不断地推进优化中,可以通过交易的过程获取很多交易信息,因此,对于企业财务信息化的发展而言,就必须要以其实效性促进对财务信息的处理,然后通过网络平台积极收集相关交易数据信息的同时实时对其进行分析,从而提升财务管理的有效性。

(三)新经济模式下财务信息呈海量化的发展趋势

目前,在传统的经营模式与新经济模式之间,通常会存在着一定的差异。例如,时下的制造业供应商通常都会在企业的内部进行,而对于企业会计核算和相关管理与决策,一般都会在企业闭环环境下完成。通常会计信息都是按照日算月结的方式,但在如今新经济的模式中,一般企业都是采用实体店进行销售或布点的方式,从而创建实体门店经营模式,让企业实体运营模式可以逐步趋向于网络经营模式。在这之中,其海量结算还有采购及供货,就将企业经营交易的海量化或大数据充分体现出来。

三、大数据对企业竞争优势的影响

信息时代的竞争,不是劳动生产率的竞争,而是知识生产率的竞争。企业数据本身就蕴藏着价值,企业的人员情况、客户记录对于企业的运转至关重要,但企业的其他数据也拥有转化为价值的力量。

（一）竞争战略是否过时

1. 竞争战略是什么

企业的战略管理主要是通过对企业及社会市场的变化进行管理来实现的。企业的战略管理者往往也是不断寻找和发现变化的人,他不仅需要寻找变化,还需要能够快速适应这种变化,并且不断地告诫企业中的所有人这样一个理念:变化是必然的,不可避免并且时刻存在的。从20世纪初,西方的战略管理研究领域就已经开始了对企业战略变化问题以及由其引起的企业组织变化问题展开了细致深入的研究,并且始终是战略管理领域中的研究热点,而在大数据时代背景下,社会的需求、经济市场的变化可谓是瞬息万变,竞争日益激烈,在这样的发展现状面前,加强对企业战略管理变化的研究就显得十分重要和必要了。

以竞争为本的战略思维的产生,源于20世纪80年代以迈克尔·波特教授为代表的学者提出的竞争战略理论。迈克尔·波特基于影响企业的五种作用力的假设,即新进入者的威胁、供应商的议价能力、替代品或服务的威胁、客户的议价实力,以及产业内既有厂商的竞争,提出了三种竞争优势模型,包括成本领先、差异化和目标聚集。在该理论的指导下,竞争成为企业战略思维的出发点。竞争战略理论认为,行业的盈利潜力决定了企业的盈利水平,而决定行业盈利潜力的是行业的竞争强度和行业背后的结构性因素。因此,产业结构分析是建立竞争战略的基础,理解产业结构永远是战略分析的起点。

企业在战略制订时,重点分析的是产业特点和结构,特别是通过深入分析潜在进入者、替代品威胁、产业内部竞争强度、供应商讨价还价能力、顾客能力这五种竞争力量,来识别、评价和选择适合的竞争战略,如低成本、差异化和集中化竞争战略。在这种战略理论的指引下,企业决策者认为企业成功的关键在于选择发

第二章　大数据时代企业运营管理

展前景良好的行业的战略思维。[①]

2. 大数据时代的商业生态

传统的企业战略管理模式是一个解决问题的正向思维模式，先发现问题再通过分析找到因果关系来解决。但是，大数据环境下企业战略模式则不同，其是按收集数据、量化分析、找出相互关系、提出优化方案的顺序进行的。它是一个使企业从优秀到质的飞跃的积极思维模式，是战略层次的提高。大数据环境中基于互联网的连接，海量数据的存储和云计算平台的融合，使得商业生态系统在数据获取传递、处理、共享和应用方面，更加频繁与便利，更有助于知识溢出和协同创新。对企业战略决策而言，不仅要适应系统内环境，参与系统内开放性竞争，而且还能进一步影响和改变环境。大数据环境中商业生态系统的企业实体网络与虚拟网络相融合，随着数据与交易网络效应的放大，促进数据量能和用户数量的迭代增加，实现资源共享和优势互补，进一步强化商业生态系统的盈利模式和可持续发展。[②]

（二）大数据时代对企业核心竞争力的挑战

1. 核心竞争力的要素

大数据时代，企业大数据和云计算战略将成为第四种企业竞争战略，并且企业大数据和云计算战略将对传统的企业三大竞争战略产生重要影响。企业管理者要对大数据和云计算高度重视，把其提高到企业基本竞争战略层面，企业大数据和云计算战略可以作为企业基本战略进行设计。因此，数据竞争已经成为企业提升核心竞争力的利器。来自各个方面零碎的庞大数据融合在一

[①] 刘力钢，袁少锋. 大数据时代的企业战略思维特征[J]. 中州学刊，2015(01)：42-46.
[②] 王举颖，赵全超. 大数据环境下商业生态系统协同演化研究[J]. 山东大学学报（哲学社会科学版），2014(05):132-138.

起,可以构建出企业竞争的全景图,洞察到竞争环境和竞争对手的细微变化,从而快速响应,制订有效竞争策略。

2. 产业融合与演化

企业运用财务战略加强对企业财务资源的支配、管理,从而实现企业效益最大化的目标。其中,最终的目标是提高财务能力,以获取在使用的财务资源,协调财务关系与处理财务危机过程中超出竞争对手的有利条件,主要包括以下条件或能力。

(1)创建财务制度的能力、财务管理创新能力和发展能力、财务危机识别的能力等。

(2)通过财务战略的实施,提高企业的财务能力,并促进企业总体战略的支持能力,加强企业核心的竞争力。

3. 数据资源的重要性

大数据时代,数据成为一种新的自然资源。对企业来说,加入激烈竞争的大数据之战是迫切的,也是产出丰厚的。但是数据如同原材料,需要经过一系列的产品化和市场化过程,才能转化为普惠大众的产品。企业利用大数据技术的目的是为增强企业决策管理的科学性,实质是新形势下人机结合的企业战略决策系统。通过企业内部决策系统的采集、分析、筛选、服务、协调与控制等功能,判断企业及所在行业的发展趋势,跟踪市场及客户的非连续性变化,分析自身及竞争对手的能力和动向,充分利用大数据技术整合企业的决策资源,通过制订、实施科学的决策制度或决策方法,制订出较为科学的企业决策,保证企业各部门的协调运作,形成动态有序的合作机制。

另外,将企业的决策系统与企业外部的环境结合起来,有利于企业制订科学合理的经营决策,从而保持企业在市场上的竞争优势。毫无疑问,大数据的市场前景广阔,对各行各业的贡献也将是巨大的。目前来看,大数据技术能否达到预期的效果,关键是在于能否找到适合信息社会需求的应用模式。无论是在竞争还是合作的过程中,如果没有切实的应用,大数据于企业而言依然只是海市蜃楼,只有找到盈利与商业模式,大数据产业才能可持续发展。

(三)大数据时代企业竞争优势的演化方向

1. 对企业内外部环境的影响

大数据已经渗透到各个行业和业务职能领域,成为重要的生产因素,大数据的演进与生产力的提高有着直接的关系。随着互联网的发展,数据也将迎来爆发式增长,快速获取、处理、分析海量和多样化的交易数据、交互数据与传感数据,从而实现信息最大价值化,对大数据的利用将成为企业提高核心竞争力和抢占市场先机的关键。大数据因其巨大的商业价值正在成为推动信息产业变革的新引擎。大数据将使新产品的研发、设计、生产及工艺测试改良等流程发生革命性变化,从而大幅提升企业研制生产效率。对于传统服务业,大数据已成为金融、电子商务等行业背后的金矿。大数据不仅是传统产业升级的助推器,也是孕育新兴产业的催化剂。数据已成为和矿物、化学元素一样的原始材料,未来大数据将与制造业、文化创意等传统产业深度融合,进而衍生出数据服务、数据化学、数据材料、数据制药、数据探矿等一系列战略性新兴产业。

2. 获取竞争情报的新平台

大数据环境具有典型的开放性特点,企业利用大数据能够极大限度地突破时间和空间的束缚,为企业的发展创建更高的平台。同时,企业经营环境的随机性与变动性不断增强,企业经营模式也应不断随之进行调整,只有做到与外部大环境的发展同步,才能使企业在竞争中站稳脚跟。大数据的应用为企业的决策提供了客观的数据支持,企业决策不再单单依托管理者的思想和经验,而是更多地依托于完善的数据体系,从而提高了企业的决策准确性,为企业的发展战略指明了道路,增强了企业的竞争力,扩大了企业的可持续发展空间。

3. 实践中的创新尝试

大数据,可以说是史上第一次将各行各业的用户、方案提供商、服务商、运营商,以及整个生态链上游的厂商,融入一个大的环境中,无论是企业级市场还是消费级市场,抑或政府公共服务,都开始使用大数据这一工具。以企业供应链为例,通过大数据运营可以实现供应商平台、仓储库存、配送和物流、交易系统、数据分析系统等供应链的全环节整合与优化,实现数据统一管理、全面共享,最终达到供应链管理创新。IBM 对全球多位经济学家调查显示,全球每年因传统供应链低效损失相当于全球 GDP 的 28%。

第三章　企业投资管理

投资管理作为企业经营管理中的一个重要组成部分,在企业的长远发展过程中发挥着极为重要的作用。

第一节　企业投资管理的基本内容

随着市场经济的快速发展,企业的投资管理步入了新的里程碑,但是一些企业在投资实践的过程中仍会存在一定的问题,影响投资的效果,阻碍了企业的发展。

一、企业投资的概念

企业投资是指企业作为投资主体为达到某项收益而进行的资金投入活动。它囊括了构成企业投资内涵的投资主体、投资客体、投资动机和投资行为过程四项要素。要深入理解并准确把握企业投资的含义,需要对这四项要素作一个全面的了解。

第一,作为从事投资活动的能动者,投资主体是投资运行的起点。企业投资的主体是具备一定条件的各类企业,这些企业具有几个共同的特点:(1)具有相对独立的投资权力。即企业能够根据市场需求、政策在国家法令政策允许的范围内,做出投资决策。(2)可以监督控制或者实施投资活动,对投资所形成的资产拥有所有权或支配权,并能相对自主地委托他人经营。(3)能够承担相应的投资风险或责任,并有权享受一定的投资收益。这三个方面也是企业成为真正意义上的投资主体的必备要件。

现代企业具有自主经营权,并拥有经济要素所有权,使企业有可能也有必要成为投资主体。可以说,投资主体就是经济要素所有权在投资领域人格化的表现。

第二,企业以何种形式投资?企业投资的目的物是什么?这是有关投资客体的问题。投资客体有两层含义:一是企业投资来源的形式,即企业投资手段的表现形态,二是企业投资的归宿点,即投资对象的存在形态。企业投资手段包括有形资产和无形资产。有形资产是指企业从各方筹措到的可用于投资的资金、有形物资等,它一般表现为资金形态;无形资产是指那些本身不具有实物形态的,能够在企业投资时发挥作用,使企业获得高于一般水平的投资收益的特殊性资产,如商标、专利权等,当其构成投资时必须使用价值尺度,转化为资金形态。企业投资对象的具体内容完全不同于投资手段,但究其形式的本源,也采取了有形资产和无形资产两种表现。因此,可把投资的客体概括为资产,既包括有形资产,也包括无形资产。

第三,投资者为什么要投资?即企业投资的动机是什么?投资动机就是投资主体从事投资活动想要达到的目的。一定的投资动机,必然是特定的投资主体在一定的投资环境下产生的。投资主体是影响投资动机的主观的、内在的因素,是投资动机产生并起作用的本体;投资环境包括一切影响投资主体进行投资活动的客观外在因素,是决定投资动机的形成,又受到投资动机能动作用制约的客体。不同的投资主体,或处于不同的投资环境,其投资动机是迥异的。因此,考察企业投资的动机,就要从企业本身的内在冲动和经济环境对企业的作用两方面着手。

就企业来说,企业从事生产经营活动,源于两个目标:一是企业本身的存续、扩展;另一个是作为社会经济的基本单位,维持或促进社会的发展。前者,要求企业投资必须能收回,达到资本增值的目的,这就是所谓的营利性动机,它是企业投资的动力源。后者,在要求投资获利的基础上,更看重企业投资的社会效益,即通过投资,提高企业素质,一方面直接满足人民的物质文化生活需要,另一方面为社会综合经济效益的提高创造良好的条件,因为一个企业在创造自身的同时,也创造了别的企业所处的外部环境。从投资环境看,它包括投资主体在投资活动之前或之中所处的社会经济制度,所面临的国际国内政治环境、经济环境、文化背景以及科技进步和生产力进步状况等。投资环境首先作用于企业的投资心理,形成具有明显环境特征的投资习惯;接着,在企业出于盈利的初衷投资时,促进企业初始投资动机、中间投资动机形成,进而实现企业最终投资动机。譬如,某公司购买另一公司股票是为了控制其经营权,而控制经营权的目的是为了获得该公司的新技术,获取新技术的目的是为了生产新产品,最终是为了取得新产品带来的超额利润。可见,控制经营权是该公司的初始投资动机,获取新技术、生产新产品是中间投资动机,取得盈利则成为该公司的最终投资动机。一般地,投资环境决定的是企业的初始投资动机和中间投资动机,因为不同的环境,企业实现最终投资目的采取的手段、经过的途径不同。同投资环境密切相关的企业投资动机有:旨在为投资者获取一定经济控制权的获权动机、开拓更广阔市场的获市动机、窃取和引进新技术的获技术动机等。

综上,企业投资的动机是预期收益,既包括企业预期获利,也含有获得控制权、市场占有权、新技术等预期目的,并兼有该项投资预期的社会效益。

最后,企业投资是一个严密的行为过程。在这个过程中,随着资金的投入、使用、管理与回收,企业要发生投资筹措行为、投资实施行为、投资管理行为和投资回收行为。诸个行为的继起性,构成了企业投资行为整体。企业在投资时,应考虑各个行为的特点和要求,力求以最经济的行为组合,促成企业投资目标的实现。

二、企业投资的分类

为了准确把握企业投资的特点及投资运动规律,首先必须对企业投资进行科学的分类。根据不同的要求,采取不同的办法,企业投资可划分为不同的类别。我们只介绍几种最常见的分类。

（一）按投资客体的不同,企业投资可分为实物投资和金融投资

实物投资也称直接投资或经济投资,是投资者以现金或其他资产直接投入企业以形成生产能力的投资。它包括租赁投资和项目投资,租赁投资就是企业作为出租者,按合同规定将设备租给承租者使用,并向后者收取一定租金的交易行为。这对于出租者来说,相当于直接以设备投资；对承租者来说,相当于取得一笔贷款用以购置设备,是一种筹资行为。项目投资,可以分为企业的内部项目投资和对外项目投资,内部项目投资就是指企业对自身经营的投资,主要是用于购建固定资产和开发无形资产；对外项目投资是指企业直接举办、经营新企业或收购其他企业,或与其他企业合作共同从事某项投资而投放的资金,包括联营投资、房地产投资、企业合并与收购投资等。

金融投资也称间接投资或财务投资,是企业用于购买国债、公司债券、金融债券或公司股票,收取股息和红利的投资。它包括股票投资和债券投资。

如果舍弃掉企业投资客体的一切中介,任何投资最后总归结到一定的固定资产、流动资产和无形资产上,所以说,固定资产、流动资产和无形资产是投资的最基本的终结形式。

（二）按投资在企业生产过程中作用的差别,可以分为外延型投资和内涵型投资

外延型投资,是企业用于扩大生产经营场所,增加生产要素数量的投资,它代表"投入生产的资本不断增长"。其投资形式如企业的新建、扩建和改建项目投资。外延型投资的实质,是从规模经济的角度促进企业的扩展。

内涵型投资,是企业用于提高生产要素的质量,改善劳动经

营组织的投资,它代表"资本使用的效率不断提高"。其形成如企业的挖潜、革新、改造等技术性投资。内涵型投资是从集约经营出发,通过提高经营效率扩大企业生产的。

对一个企业来说,投资时选择何种方式,应据自身及环境情况取舍。世界各国在这两种投资方式的选择上,均遵循这样一条原则:凡是能用内涵型投资方式解决的问题,就不应该用外延型投资方式解决。

(三)按投资对象功能和投资效益的不同,可以分为积极投资和消极投资

积极投资,又称"主动投资",是指用于厂房机器、设备等生产工具的投资,积极投资所形成的机器、设备是企业固定资产的核心部分,是企业生产技术水平高低和生产能力大小的重要标志。它的状况如何,从物质技术基础上制约企业的发展和竞争地位。而且,由于积极投资的结果是高的投资效益,因此,企业在投资总量既定并符合配套生产的条件下,应尽可能提高积极投资的比重。消极投资,又称"被迫投资",是指为形成固定资产而进行的辅助建筑和其他费用的投资。消极投资所形成的建筑物和构筑物,不直接加入劳动过程,不作为生产过程中的传导体,但是投资过程中不可缺少的条件,没有它投资活动就不可能进行或不能完全进行。

因此,企业在投资时,应尽可能减少消极投资支出,但也须兼顾企业整体发展需要,避免因小失大。

三、企业投资活动规律

企业投资首先是企业相对独立进行的,应遵循企业主体行为规律;再者,企业投资是一种特殊的投资活动,其发展运行依从投资运动的一般规律。正是在这两个规律制约下,企业进行投资并促进同一投资目标的实现。

(一)企业主体行为规律

企业作为投资主体,其投资行为是按一定规律进行的,投资动机→投资行为→投资效果是一条必然的途径。企业投资刺激一般来自企业外部环境,如政府的经济政策、市场的短缺等。当外部刺激与企业投资目标一致时,企业就会产生投资动机,从而导致一定的投资行为,并产生一定的投资效果。若投资效果与企业最初投资目标一致,能够强化企业的投资动机,这样如果再出现同样的投资机会,企业会愿意采取同样的投资行为;若投资效果与企业最初的投资目标偏离,则无助于强化企业投资动机。因此,企业在受到外界刺激、产生投资反应时,要充分估计投资效果,而不能盲目投资。

(二)企业投资运动的一般规律

1. 现代企业投资具有社会化大生产的特点,投资规模具有明显的扩充性

在现代经济环境中,任何企业都不是孤立的。一种产出,有赖于众多企业的万千投入;一种投入,也会促进众多企业的万千产出。这样,单个企业的投资就受多方面条件的制约,成为社会性的活动,而且,企业投资额的数量限制也越来越大,为发挥规模经济的效力,更强调企业投资要素的"集聚效应"。因此,企业在投资时,一方面要保证投资要素的数量,一方面要考虑企业投资所处的社会环境,必须通过对相关因素的逐一分析,才能对投资效益得出准确结论。

2. 企业投资是一个复杂的、连续不断的循环周转过程

企业投资是通过具体的投资项目实现的。这就有一个投资项目选择、投资项目的准备、投资项目的评估、投资项目的谈判、投资项目的实施、投资项目投产和发挥效益、投资项目投资回收

的完整过程,只有各阶段工作循序渐进地进行,才能实现企业投资的目的。否则,就会形成投资基金在某一阶段的呆滞,造成投资物品的无效耗费,投资价值的损失,从而使企业既达不到投资目的,又不同程度地遭受经济损失。而且,由于投资是企业生产发展的重要途径,投资运动过程只有不断的持续下去,经过投入到收回的不断循环和周转,企业才会有旺盛的生命力。但是,投资的循环和周转是一个不同于一般工业生产的特殊经济过程。由于企业投资客体在其相互联系又相互独立的运动过程中所呈现出的形式多样性,造成了企业投资周转上的复杂性。例如,企业投于固定资产的资金,其循环就不同于企业对流动资产的投资;企业对证券投资,其收回增值的方式,也不同于实物投资。这告诉我们,既然不同类型企业投资具有各自不同的运动形式,就应把握其特点,研究其规律,适应其要求,才能确保运动中的循环和周转不至中断,也才能实现企业投资的目的和要求。

3. 企业投资收益有一定的风险性,而且投资效益存在个别效益和社会效益的不一致性

企业投资之所以具有收益上的风险,因为投资决策是人们的主观反映,投资实施与经营是客观过程,主客观完全一致是不可能的;再者,投资的实施和经营是一个变化发展的运动过程,这个运动过程会因为投资实施中的错误行为和经营管理中的调度不当而发生主观风险,也会由于其制约条件和生存环境变化,遭受意想不到的客观风险。另一方面,企业投资毕竟是单个企业的行为,在某项投资给企业带来很大收益时,也存在损坏或影响其他企业利益的可能性,个别效益和社会效益这种不一致性,从长远看,势必会束缚企业投资的扩展。因此,企业在投资时,必须做好投资的预测和决策,而不能仓促拍板;必须进行正确的投资实施,严防错误行为发生;必须搞好投资经营中的协调工作;在可能的条件下,结合社会的、政治的、经济的、自然的因素和环境因素,综合考虑,尽可能达到企业投资的个别效益和社会效益的趋同。

4. 固定资产投资是企业投资运动的主要部分，它有特殊的运动方式

在一定程度上，固定资产投资制约和影响企业投资总体运动。固定资产投资有以下特点：(1)产品的固定性。固定资产产品的建设具有固定的地点、固定的用途、固定的对象，生产性项目还有固定的工艺、技术、装备和流程。一旦投资建成，很难改变地点、用途、使用对象和技术工艺。(2)生产过程的长期性。固定资产生产是一项在长时期内投入大量活劳动和物化劳动而没有任何产出的事业，需要企业用其投资资金作大量的垫付。(3)产品的单件性。这表现在固定资产功能的单一性、条件的差异性、生产的单件性以及成本价格的单件性等方面。(4)管理的特殊性。由于固定资产生产的特殊性，要求企业对固定资产投资采取特殊的监督方式和管理方式，在决策固定资产投资时，更应侧重可行性分析和研究。

四、企业投资的作用

在现代经济生活中，企业是国民经济的细胞，是生产和流通的基本活动单位。企业投资不仅会促进微观经济的发展，更为宏观经济的繁荣奠定了基础。

（一）企业投资以企业为投资主体，有助于提高投资效益

（1）企业是国民收入的创造者，是资金积累和投放的主要执行者，根据责权利相统一的原则，企业自然应拥有资金的筹措和投放决策权，同时对筹资与投资效果负责。

（2）从企业投资的条件来看，国家宏观管理部门无法把握众多的资金短缺和盈余信息，也无法管理繁杂的金融与投资业务；金融机构只是一个通过存放款业务为其他企业服务的企业，它的存在主要依赖于企业的资金运动。企业不但掌握着主要闲置资

金,还是主要的投资资金需要者,与各种资金来源和投资主体之间存在着直接的、广泛的联系,有能力也有条件管理企业投资的各种业务。

(3)企业投资效果与企业有最直接的关系,因而企业也最关心投资效果。在处理国家与企业的投资关系上,企业必须成为在国家宏观调控和经济政策引导制约下的投资主体。

(二)企业投资是企业存在和发展的原动力

首先,新企业的诞生依赖于投资,没有投资的注入,新企业就不可能产生。其次,现有企业的扩展也离不开投资,投资与再投资是企业的生命。再次,企业之间优胜劣汰,也是通过企业投资运动实现的。另一方面,现有企业的发展状况对投资也具有促进和制约作用。企业投资的经济要素除了一部分以自然状态存在的自然资源外,其主要部分还是依靠现有企业资金积累和物资积累。因此,要提高企业投资效果,就必须经营管理好现有企业。

(三)企业投资是促进国民经济增长的重要因素

企业投资形成和改变着社会再生产的物质技术基础,创造着市场需求和供给,影响着人民的物质文化生活水平。因此,企业投资是关系整个国民经济稳定与发展的大事,投资的流向、比例、效果影响着国民经济中的产业结构、积累和消费、生产力水平的高低。

(四)企业投资与社会政治稳定有很大关系

企业投资效益好,企业稳步发展,人民的物质文化生活水平也因此有较大程度的满足,人民生活安定。而且,企业发展壮大,社会就业机会增多,有利于提高就业水平,减少影响社会政治稳定的不安定因素。

五、市场经济下企业投资目标

(一)企业投资目标的含义

投资目标是指在特定的环境中,企业通过投资活动所要达到的目的。从根本上说,企业投资目标取决于企业生存目的或企业目标,取决于特定社会的经济模式。也就是说,企业投资目标具有体制性特征,整个社会的经济体制、经济模式和企业所采用的组织制度,在很大程度上决定企业投资目标的指向。另一方面,企业的投资目标又是众多投资者投资目标约束下的综合变量。如何遵循客观规律,达到主观目标的最大实现,是企业投资的原则。

站在投资者的角度,投资者最为关注的目标是通过投资获得收益。但由于客观环境影响,企业投资实现投资者目标往往通过一些迂回的途径,这就会产生企业投资目标与投资者期望的一定程度背离,因此,确定企业投资目标必须了解企业投资的客观制约因素。现代企业投资的背景是市场经济,我们的讨论也从市场经济展开。

(二)市场与市场经济

现代经济学认为,市场是某物品的买主和卖主相互作用,以决定其价格和数量的过程。市场经济是靠价格和市场来解决生产什么、如何生产以及为谁生产等经济问题的一种经济制度。在市场经济制度中,起主宰作用的是消费者和技术。生产什么东西取决于消费者的"货币选票",而技术即如何生产则对消费者构成一种基本约束,企业受利润的驱使,不仅要根据消费者需求,更要根据自身产品的生产成本制订价格,这样通过市场中介,把需要和技术可能协调起来,从而完成市场运行过程。确切地说,市场经济有以下特点。

1. 由自主经营、自负盈亏的企业从事生产的组织和经营

市场经济中,企业必须具备生产经营的自主权,除了某些特殊行业的"公营"之外,绝大部分的物质产品均由各企业独立决策、生产和销售。各企业在购买原材料、销售产品及录用员工等方面不受其他人约束,生产和投资的动力来源于赚取更大利润的期望。这样,通过市场中的资源和要素在所有者与经营者、买方与卖方之间不断地运动,形成庞大的交易市场。

2. 整个经济的运行都依赖于价格的控制

在市场经济中,市场价格不断发出信号,引导社会生产向各个特定方向发展,决定资源的分配、不同生产技术的选择,决定总生产在社会各分子之间的分配。消费者通过价格反映他的需求;生产要素所有者想通过价格获得尽可能高的报酬。当某一商品相对稀缺时,消费者争相购买,就会使价格上涨,从而使生产该商品的企业利润提高,结果,生产要素大量被吸引到该行业,该商品的供给依据消费者的需求得到了增加。反之亦然。这样,通过价格的自动调节,整个市场得到了扩展,市场运行也循环持续下去。

3. 政府在市场中的特殊作用

在市场经济中,政府的作用局限于限制自由竞争带来的弊端,弥补"市场缺陷",力保市场经济较为稳定的运行。对于企业的具体生产、投资、市场价格,政府控制权限很小,只在宏观上予以间接调控,企业以及消费者个人起决定作用。

市场经济还有许多其他特点,并且这些特点在不同的经济发展时期和不同的国家也有差异。了解这些特点,是分析市场经济条件下企业投资目标的前提。

(三)市场供求与企业投资目标

市场供求是影响企业投资目标的最重要因素。市场供求就

其本意来讲,是指可能的价格水平及消费者和生产者的欲望。就其发挥的作用来讲,是启动市场,连接市场上各企业及企业与消费者之间的纽带。企业作为投资主体,既充当市场上的消费者,又充当市场上的生产者,企业投资总会通过直接和间接的途径引致社会供求。因此,企业制订投资目标必须从市场既定的供求结构、总量出发,并考虑到企业实现其投资目标可能导致的未来市场供求状况,尽可能达到两种供求态势都有利于企业投资。

首先,市场供求为企业投资提供了前提。市场需求,对企业投资提出要求,指出企业投资的方向;市场供给,为企业投资创造了条件,决定了企业投资可利用的生产资料、消费资料的质和量,从而规定了企业投资的规模。

其次,企业投资具有社会总供求效益,它既有可能促使供求平衡,也有可能造成供求失衡。一般说来,企业投资活动有可能在三个环节上造成供求失衡。一是在购买投资要素阶段,由于投资规模过大,导致要素供不应求;或由于规模过小,导致要素闲置。二是在投资产出品的销售阶段,由于产出大于需求或产出小于需求,或者是产出—需求的结构失衡,造成产销脱节。三是从长期来看,企业投资活动本身可能会引起供求的动态失衡。这种失衡,为企业确立投资目标提供了契机,但也会引致一些畸形的企业投资。

显然,企业投资与市场供求之间存在着微妙的制衡关系。一个合理可行的企业投资目标必须有利于二者关系的协调和配比。

(四)影响企业投资目标的具体因素

通过以上有关市场、供求与企业投资目标关系的分析,可以找出企业在制订投资目标时,要考虑的几个主要决定因素。

1. 投资的预期净收益

企业在决策一项投资时,不论是对新增设备,还是对其他要素的投资,都基于一个基本的原则,即该项投资的预期收益增加大于其成本支出时,也就是边际产品收入大于边际产品支出时,投资就会被实施和增加,直到边际产品收入等于边际产品支出为止。

由于时间因素和风险因素,固定资产投资的边际产品收益率无法精确地估计。通常采用直接计算投资边际效率的方法,也就是把各年预期收益用一个折扣率折算,使之等于最初的投资成本,这个折扣率就是投资的边际效率。例如,某企业投资500000元购置一台机器,使用年限为5年,在使用期间,每年可给企业带来150000元的(预期)收益。这时,通过把第一年的150000元及以后4年的收益用一个折扣率折算,使其总和等于50000元,可得出折扣率即投资的边际效率为15.3%。如果这个比率大于利率或企业希望得到的收益率,企业将会购买此机器。否则,将放弃此项投资。

投资边际效率不仅考虑时间因素对投资的影响,而且还包括供求方面的因素。

凡是具有较高的投资边际效率的项目都是企业可以选择的投资标的,而且高于利率或投资机会成本的投资边际效率会给企业带来边际产品净收益。但是,若企业投资不断增加,整个社会的设备总量增加时,投资的边际效率将会下降。这是因为,一方面,投资使设备增加,设备提供的产品供给增加,产品价格将下降,预期收益也会下降,从而降低了投资的边际效率;另一方面,投资的增加刺激了投资品的需求,结果促使这类要素和设备价格的上涨,导致投资最初成本增加,这时,必须降低原来的投资边际效率,才能使折扣过的预期收益与之吻合。另一方面,由于投资的预期净收益是投资水平的决定因素,还须考虑投资的风险,因为风险可使预估的收益变小以致消失,间接地影响投资水平。不考虑风险因素,会造成对投资的乐观估计,最终或许严重亏损,造成投资的失败。

2. 技术变革的因素

技术的变革,包括新产品的发明及新方法的采用。技术变革是投资的根本动因,也是企业确定投资目标的指向。新产品的发明会使企业投资转向该产品或与之相关联的产品。新产品又是一个相对概念,马上会有更新的产品代替新产品。因此,投向新产品的投资一般不会持续很久,经过一段时间之后,新产品的优势会降低,企业投资将会把标的瞄准更新的产品。从联系的观点看,企业总是设法把资金投向优势最大的新产品及其关联产品。例如,某种新产品的生产需要大量的机床,则在这种新产品发展期间,有条件的企业总是把资金投入机床的制造或与之有关的行当,相应地,使钢材、机床配件、零部件生产企业的投资增加。

新生产方法的发展也会吸引企业投资。一般说来,新生产方法的采用都需要使用较多的设备,起码在相对劳动的使用量和天然资源的使用量上要多。在这种情况下,企业在决定把新生产方法作为投资目标时,必须考虑转化为相关设备的投资。即使在新生产方法将减少设备的使用时,情形也是一样。

技术的变革可以引致整个社会投资的增减。有些技术的变革降低了设备的生产成本,由此增加了设备的相对收益。企业对于技术变革投资,只随新产品和新生产方法的不断发展而持续增加。企业在决定投资时,因技术原因而增加的投资也必须在投资边际效率之内,超出了这个限度,应考虑是否放弃该项投资。

3. 筹措投资资金的成本与难易程度

企业在确定投资目标时,必须考虑投资资金的来源。不同来源的资金,性质不同,资金成本不同,风险不同,因而可用作投资的项目也不同。企业投资资金有三个来源。

(1)留存收益转化为投资。这是企业投资最安全的来源。它的成本相当于把这笔资金用于其他投资上的机会成本。对一个企业来说,确定资金的机会成本,不仅要考虑到市场资金的机会成本,还要考虑各种可能的投资机会。投资机会越多,成本越难确定。

(2)借款。借款的资金成本为其利息。若利率低于投资边际效率,并且借款条件成熟时,企业投资的收益将会超过筹资成本。但是,企业在考虑借款成本时,还必须想到还本付息的风险,一旦投资失败,企业可能会因此破产,而不仅只是失去新增投资的问题,这是其他筹资方法所没有的。因此,也构成其资金成本。

(3)发行股票。采用这种来源投资,不需支付利息和偿还本金。但是,企业投资后新增盈利需在股票所有者之间按比例分配。这时的资金成本为股票的收益比率。出售股票,没有破产的风险,但发行量过大,也有失去对企业的控制权的风险。

企业在筹措投资资金时,要根据各种来源的相对成本和资金的可供量来选择。如果资金的供应是充裕的,企业取得资金的成本相对低一些,供应数量不会成为限制投资的因素。但受"资本定量配给"的影响,企业对投资资金的需求不能无限上升。以企业的内部资金为参照物,当所需资金超过某一点之后,可能再也借不到货币资金,出售股票的情形也一样,超过某一数额之后,企业很难再售出它的股票。当资金供应匮乏,可供利用的资金数量限制了企业投资,使之低于投资边际效率所能容许的最佳投资水平时,投资决策就成了对那些投资边际效率较高的项目选择。也就是说,此时企业的投资目标变成了如何从既定数量资金中取得最大报酬。

4. 政府政策

政府政策是企业确定投资目标时,要考虑的一个重要因素。政府站在经济运行总体的高度,综合运用各种经济手段辅之行政手段、法律手段,对企业投资进行有效的影响和引导。假如政府想刺激某一行业的投资,就会规定较为优惠的信贷条件,规定较高的固定资产折旧率,或直接给予补贴、间接参加股份,或采取其他方法予以支持。这些优惠与限制,对企业确定投资目标无疑是很重要的。

（五）发挥自我调节机能，制订合理的投资目标

前面讨论的是影响企业投资目标制订和实现的客观因素，企业支配它们的能力很小。这就要求企业发挥自我调节机能，随客观因素的变化调整其内部条件和投资目标。

1. 企业投资自我调节机制的含义

根本利益的一致性，构成了市场经济运行的前提条件，而利益差异所决定的利益竞争，则形成了市场经济中各个利益主体追求利益的动力。企业也不例外，其投资的直接动因是经济利益。另一方面，企业是一个多元性的有机体系，它从事生产和经营活动必须具备一定的信息接收和处理能力、资源条件、技术水平、管理能力、生产能力和销售能力等内部条件。同时，企业也是一个既受环境影响而又影响环境的开放系统，构成企业环境的各种要素，如价格、税收、利率等经济参数，供给、需求和竞争情况都在不断地变化，这些变化直接影响到企业的利益总量和利益结构。为了实现自己的目标，企业必须不断调整自身的经济活动，企业投资就是企业对外部环境已经出现和预期出现的更大变化而做出的适应性反应。

企业根据外部环境的变化而主动调整自己的投资，称为企业投资的自我调节。使企业进行投资自我调节的各种要素，按照一定的联系所组成的统一整体，叫作企业投资的自我调节系统。系统的结构、各个要素的功能以及它们之间的相互联系和相互作用方式，就是企业投资的自我调节机制。企业投资的自我调节机制，是通过它的调节过程表现出来并通过调节过程得以实现的，因此，必须研究这个过程。

2. 企业投资的自我调节过程

在调节过程的起点，企业必须通过它的有关人员搜集信息，

这些信息是企业外部环境和内部条件变化状态的客观反映,经过企业内部信息处理系统的加工,变为主观见之于客观的产物,并输入到企业决策系统。决策系统做出投资决策并传递下去。在执行决策的过程中,企业通过投资使生产要素的总量调整和重新组合,达到企业的外部环境、内部条件和投资目标三者之间的动态平衡。

企业投资的自我调节是一个循环不断的过程。由于企业每次所能获得信息的有限性,企业内部条件和外部环境的多变性,企业必须根据反馈回来的信息进行再调节。企业投资的自我调节过程如图3-1所示。

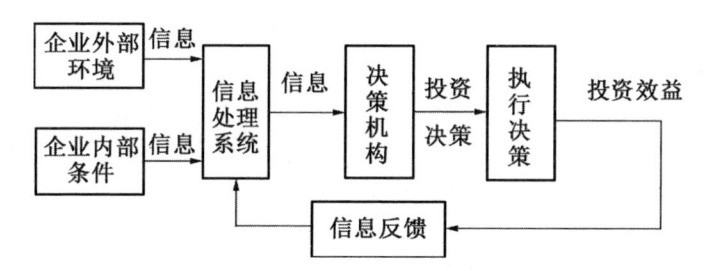

图3-1 企业投资的自我调节过程

可见,在企业投资的自我调节过程中,搜集信息是前提,生产要素按比例组合是结果,二者的中介是投资决策。因为企业投资目标是通过投资决策制订的,企业投资的自我调节过程就相当于企业投资目标的确定和实现过程;该过程的循环进行,实质上是企业不断调整其投资目标并促其实现的行为过程。

3. 企业投资自我调节机制的作用——制订合理的投资目标

企业通过投资的自我调节,可以使企业内部以及企业与其环境之间处于一种动态平衡的协调,并使企业在适应外部环境的过程中壮大自身。如果单从企业投资角度来说,通过投资的自我调节,企业投资目标会更科学、高效和合理。原因如下:

第一,企业投资的自我调节机制会使企业在最恰当的时机进行投资,也就是在企业与外部环境的不适应程度达到非用投资解决不可的时机进行投资,根据需求效用论,这时投资效率最高。

第二,企业投资的自我调节机制会使企业保持合理的投资规模。因为企业投资只有在一定数量上才能和其外部环境协调相处,当企业投资规模小于外部环境的要求时,自我调节机制会使企业增加投资,反之,则停止投资。

第三,企业投资的自我调节机制会使企业投资结构保持最佳比例状态。企业投资有不同的使用方向,不同方向对外部环境的适应能力不同,在投资自我调节机制的作用下,企业总是把资金投向适应外部环境的方向,使这部分投资在企业投资总构成中的比例增加,从而使企业的投资结构不断适应外部环境。

第四,企业投资自我调节机制会使企业投资保持合理的空间分布。企业外部环境要求企业投资必须存在于一个特定的空间,否则,企业投资自我调节机制会使企业通过横向投资来适应外部环境变化,以实现自身的经济利益。

可见,企业投资自我调节机制能使企业在适当的时候,通过适当的方式,进行适当的投资,一个合理可行的投资目标也从中孕育而生了。

(六)市场经济条件下企业的投资目标

论述至此,我们已明白了影响企业投资目标的客观因素以及制订合理投资目标的途径。但仍有一个疑团未解:市场经济条件下企业的投资目标是什么?这是一个很复杂的问题,须通过以下三个问题的分析来一步步回答。

1. 市场经济与市场经济一般有何不同?市场经济一般的规律是否在市场经济条件下同样起作用?

可以肯定地说,市场经济一般的规律在市场经济条件下同样会起作用,其价值规律、供求规律、利益驱动规律都存在于市场经济中,并作用于企业,制约其投资活动;市场经济体制能够给企业创造公平、高效、稳定的投资环境,减少了在市场经济一般条件下的盲目性、自发性,有助于企业投资行为合理化,投资目标的实现。可见,市场经济体制更有利于市场经济一般规律的贯彻,也会给企业制订投资目标做出更明确、科学的指导。

2. 企业是否具有投资的自我调节能力?

从目前我国企业的现状看,投资的自我调节机能还很不完善、不健全,追求短期效应的扭曲现象大量存在。随着企业改革的深入,市场经济体系的建立,上述情况将会大为改观,以现代企业制度为特征的新型企业将成为具有成熟的自我约束、调节机制的集合体。

所谓现代企业制度,是一种由市场经济孕育而生的企业组织制度,它具有五个特征:一是产权关系明晰,企业中的国有资产所有权属于国家,企业拥有包括国家在内的出资者投资形成的全部法人财产权,成为享有民事权利、承担民事责任的法人实体。二是企业以其全部法人财产,依法自主经营,自负盈亏,照章纳税,对出资者承担资产保值增值的责任。三是出资者按投入企业的资本额享有所有者的权益,即资产受益、重大决策和选择管理者等权利。企业破产时,出资者只以投入企业的资本额对企业债务负有责任。四是企业按照市场需求组织生产经营,以提高劳动生产率和经济效益为目的,政府不直接干预企业的生产经营活动。企业在竞争中优胜劣汰,长期亏损、资不抵债的应依法破产。五是建立科学的企业领导体制和组织管理制度,调节所有者、经营者和职工之间的关系,形成激励和约束相结合的经营机制。可见,在现代企业制度下,自我约束、调节机制是企业的基本能力。

有人还从客观角度出发,提出了市场经济条件下,宏观经济和微观经济彼此衔接的内在调节机制的设想,即信贷、价格、税收三种调节相结合的内在调节机制。信贷内在调节机制,是对企业资金有偿使用而言的,资金有偿使用给企业压力和活力,促使其实现微观经济目标;对信贷资金的国家宏观调节和管理,使企业盈利增长和信贷资金总额增长相协调,有利于宏观经济的稳定。

价格的内在调节机制,是指企业产品价格放开而言,企业产品价格放开,在竞争中形成市场价格,有利于企业提高生产经营积极性,节约生产要素,增加盈利;国家通过向市场输入经济参数,影响和参与市场价格的形成,避免价格大幅度地波动。税收内在调节机制,是指企业必须依法纳税而言,企业效益提高,盈利增加,职工收入增加,国家税收随之增加;反之,企业经济效益差,企业税后留利小,职工收入也不多,这样,既有助于微观经济目标的实现又有利于宏观稳定。可以想见,若宏微观经济内在调节机制构建成功,企业投资的内在调节机能将大大增强。

3. 市场经济条件下企业投资目标是什么?

我们知道,企业投资是宏微观相结合的范畴,企业投资目标也是如此。而且,不同企业有不同的投资目标,即使是同一企业对同一个项目,其投资的目标也是多样的。多元、分层、互相联系、纷呈而出是企业投资目标的特点,如何概括呢? 只能抓其根本。追求经济利益最大化是企业投资的原动力。企业为扩大自身生产能力而进行投资,是为了生产更多社会所需产品和达到利润最大化目标,其最终相应地丰富了全社会的物质产品,满足了人们对各种物质资料的需要。因此,从根本上说,市场经济条件下,企业投资的目标是为了满足人们的物质文化生活需要。

第二节　大数据时代对企业投资决策的影响

随着大数据技术条件逐渐成熟,经济转型升级背景下的增长压力也促使企业希望借助数据制订科学的生产战略和营销战略。企业数据对企业的日常运营和未来发展来说都是一种十分宝贵的资源,也是一种"商品",它可以用市场化的方式来流通。咨询机构,在找出各个行业企业生产经营管理上存在的问题、分析问题产生的原因及制订切实可行的改善方案等方面,具有相当丰富的经验。如果在此基础上通过掌握的大量数据建立大数据平台并精准高效化运营,将具有高效利用大数据资源的先天优势。对于投资者和被投企业来说,如果能利用大数据来管理企业,不仅可以帮助被投企业在技术上实现"精准营销和高效生产",还可以为被投企业战略规划提供科学依据,建立集团管理和控制系统,有效优化管理模式,为投资者的投后管理提供数据依据和智力支持。

一、大数据使投资决策更科学

目前,领导干部在投资决策过程中,对于一些经常出现的问题,多是按照老方法,依循旧案例。对于一些新发事件和突发事件,更多的是不知所措或者"拍脑门做事""想当然思想"。如果领导干部只依靠掌握的已有工作经验对事态进行判断与决策,会增大投资决策难度,降低定位的准确率,加剧战略风险。

大数据时代,拥有数据的规模、质量以及收集、分析、利用数据的能力,将决定企业的市场竞争能力,对数据的掌控能力将成为企业投资决策的法宝。企业决策部门应该通过收集和分析大量事件相关内部和外部数据,获取有价值的信息,建立投资决策咨询模型,立体化地展现投资决策方法和手段,进行智能化投资决策分析。

二、大数据使投资决策风险更可控

投资风险是企业投资后,由于内部及外部诸多不确定因素的影响,使投入资金的实际使用效果偏离预期目标结果的可能性。投资决策的风险主要由于缺乏信息和决策者不能控制投资项目的未来变化等原因造成,所以任何投资决策都存在着或大或小的决策风险。企业项目投资(直接投资或者固定资产投资)的主要投资风险表现为经营风险,包括产品需求的变动、产品售价及成本的变动、固定成本的比重、企业的投资管理能力，以及经营环境的变化等。可见，固定资产的新建、扩建与改良是固定资产投资的主要形式，由于其投资变现能力最差，所以投资风险也相对最大。然而一旦投资风险带来的损失超过企业的承受能力，企业只能停止经营，宣告破产。基于云会计平台，决策者可以通过数据分析得到可靠的信息，对可能存在的风险原因和后果进行细致的分析、估算，利用大数据的信息资源不断调整战略目标和投资方向，从而将决策风险导致的损失降到最小。

第三节 大数据时代企业投资决策优化

大数据技术的发展为投资决策提供了应对数据和信息瞬息变化的定量分析方法，为企业投资决策提供更加真实有效的决策依据，以提高企业战略决策质量。

一、获取投资决策信息

大数据给企业投资决策竞争情报搜集、分析和利用带来了深刻的变革，竞争情报咨询机构和企业必须要积极面对大数据的机遇和挑战。

对于这个世界上的大部分公司来说，至少有 80% 的公司，哪怕它们正高举大数据的旗帜，大数据本身仍然只是一个非常空泛的概念。它们虽然十分明白其重要意义，但言行却不一致，许多奇妙的想法也难以得到彻底的实施。

对于投资决策实施上的应用和大数据的实践，企业不仅难以参与，更是不容易对进程做到完美的控制。其中一个最常见的问题就是：每天都在产生的海量数据，应该如何采集和分析？这是一个很大的困扰，就像："我感觉自己守着一座金山，却无从下手！"还有企业决策者抱怨："这些数据有什么用？都说有价值，但在我这里只能让我每天头疼!"

对于任何一家公司,比如电信、金融、零售业的从业者甚至政府来说,它们都需要数据来帮助自己理性决策,都有对于信息采集与分析的强烈需求。但现状并不理想,在我们国内相当长的一段时期内,比较专业的数据分析只是局限于金融和电信业。其他行业的公司对此缺乏敏感度,甚至许多从业者采取的是抵制或者漠视的态度。

尴尬的地方就在于,公司的决策者有时候更愿意相信自己的直觉,而非数据。虽然这种意识逐渐在发生变化,但有的人从来没有想过要做出根本性的改变。思维的改变从来都是艰难的,它是一块坚硬的顽石。只有当一些新兴行业开始产生,并由此崛起了一批从大数据思维中获益的公司,他们才能意识到数据的获益是如此明显。但到这时候,大数据时代已在全球范围内到来了,这些人此时再奋起猛追,显然为时已晚。即便深刻反省并愿意付出代价弥补落下的功课,也会在一段时间内只能充当学习者和追赶者的角色。

我们都已经看到,大数据在管理领域内有望推动一场革命性的彻底改变。管理者利用大数据,可以做到很好的测量,并且做到对于数据的精确化利用,进而了解自己的公司,然后对业务做出更好的决策。

这具体表现在我们对于信息个体的重视上,管理者必须有勇气直接将这一认识转化为改进的决策和性能。从技术的层面去重视对于数据的采集和分析,实现"数据为王",才能改变企业落后的命运,甚至让自己成为行业的龙头。

我们知道,诸如百度、腾讯和阿里巴巴这样的中国企业已经在这样做了。但是我们希望中国的所有企业都具有这种数据收集与分析的能力,而不仅是几个典型企业。这是我们对于"大数据中国"的梦想,也是一场与全民有关的数据管理变革的终极目标。

从实践来看,大数据管理的意义并不在于你掌握了规模多大的数据信息,也不在于你的理论准备有多么充分,而在于对这些数据进行智能处理、从中分析和挖掘出有价值的信息等工作做得是否到位。假如这些实际的工作有所缺失,之前的一切准备都将失去它们的意义。

现在大部分的公司还很难判断,到底哪些数据会在未来成为优良资产,我们需要通过什么方式将信息提炼和分析出来,转化为现实的收入。对于这一点,即便是许多从事大数据服务的专业公司也很难给出确定的答案,人们仍在继续琢磨和进步,在大数据的浪潮中即便最好的公司也只是敞开了第一扇房门,进入了最外层的房间。但有一点是可以肯定的,在大数据时代,谁掌握了足够的数据,谁就有可能掌握未来。我们现在的数据采集,就是在为将来积累流动资产。

二、投资框架构建

(一)投资准备阶段的主要工作

在大数据环境下,数据作为企业最具价值的资产之一,数据质量与企业的决策投资之间存在着直接联系。高质量的数据可以使企业的投资决策更加科学、高效。在企业的投资决策过程中,数据的完整性、及时性、可靠性等质量特征对企业投资决策的数据收集和准备阶段、制订和评估阶段、监控和调整阶段都有着重要的影响。基于企业的投资决策流程,以数据为主线,在分析各个阶段对应数据源、数据质量特征、数据类型的基础上,构建大数据环境下考虑数据质量特征的企业投资决策框架。搞好前期市场预测在投资项目前期准备管理中格外重要,有利于发现作为建设项目存在条件的现实和潜在的需要市场机会,从而使之转化为满足具体需求载体的产品或项目;有利于减少与避免因重复建设等非真实市场需求而产生的、不能在未来长时间内支撑项目生产与运营条件要求的虚假投资需求。准备阶段主要涉及数据的收集。首先,要确定投资目标,这是投资决策的前提,也是企业想要达到怎样的投资收益,这个过程需要企业根据自身的条件以及资源状况等数据来确定。其次,要选择投资方向,一方面需要根据企业内部的历史数据,另一方面还要结合市场环境状况等外部因素进行筛选,进而确定投资方向。在市场调查与预测基础上,根据项目及其载体形式,对有关产品的竞争能力、市场规模、位置、性质和特点等要素进行前期市场分析,做出有关"项目产品是否有市场需求"的专业判断,是一种分析技术,其基本内容是做好国内外市场近期需求情况的调查和国内现有产能的估计,并做销售预测、价格分析、产品的竞争能力、进入国际市场的前景等分析。其中,除应明了市场容量的现状与前景外,还应预测可替代产品及由此可能引起的市场扩大情况,了解该项目现存或潜在的替代产品可能造成的影响;调查市场供求情况的长期发展趋势和目前市场与项目投产时市场的饱和情况,以及本项目产品可能达到的市场占有率。

（二）制订投资方案阶段的主要工作

制订和评估阶段主要涉及根据可行性制订投资方案并进行方案评估的相关数据。可行性分析主要涉及与风险相关的概率分布、期望报酬率、标准离差、标准离差率、风险报酬率等数据,要确保风险在企业可承受的范围内才说明此投资是可行的。方案评估主要涉及现金流量、各类评价指标,以及资本限额等数据。现金流量可采用非贴现现金流量指标或者贴现现金流量指标数据来衡量。投资回收期、平均报酬率、平均会计报酬率、净现值、内含报酬率、获利指数、贴现投资回收期等各类指标涉及的数据对投资决策的评估起着重要作用。这些数据的来源涉及多个利益相关者,同时来源渠道也比较广泛,多为非结构化数据且各类数据之间标准不统一,难以兼容。

（三）投资实施阶段的主要工作

在监控和调整阶段主要考虑企业实际的现金流量、收益与预期之间的比较，以及企业实际承受能力是否在可控范围内。如果相差较大至企业不可控，就需要及时查找出引起差异的原因，对相关数据进行分析处理并调整投资决策方案。目前，项目基础资料存在以下两个问题。

一是收集困难。公司基础资料主要源于施工项目部，尤其是纸质资料，平时按照来源地在公司、分公司、项目部分级保管，项目部资料一般是项目结束后归档到公司总部。

二是项目基础资料结构化数据率低。即使是信息化技术应用程度最高的财务部门，也过滤掉了原始凭证中大量非结构化数据信息（如市场情况、环境、事件、时间等），无法将其提取转化为结构化数据。其他部门有关经营活动和财务活动等相关资料结构化数据率则更低。研究表明，日常工作中产生的非结构化数据约占整体数据量的80%。因此，大数据时代使得企业的整个投资决策流程都是基于云会计平台获取各种数据，然后通过大数据相关技术对各类结构化、半结构化、非结构化数据进行分析处理并存储于企业的数据中心等，这种处理模式可以在很大程度上提高企业整个投资决策过程中数据的完整性、及时性和可靠性，满足企业投资决策对数据的高质量要求。

三、集群融资方式的创新

筹资的数量和筹资的质量成为企业首先要关注的两个基本因素，也是最重要的方面。企业应在保证资金数量充足的同时，也要保证资金来源的稳定和持续，同时尽可能地降低资金筹集的成本。到这一环节降低筹资成本和控制筹资风险成为主要任务。根据总的企业发展战略，合理拓展融资渠道、提供最佳的资金进行资源配置、综合计算筹资方式的最佳搭配组合是这一战略的终极目标。随着互联网经营的深入,企业的财务资源配置都倾向于"轻资产模式"。轻资产模式的主要特征有:大幅度减少固定资产和存货方面的财务投资,以内源融资或 OPM(用供应商的资金经营获利)为主,很少依赖银行贷款等间接融资,奉行无股利或低股利分红,时常保持较充裕的现金储备。轻资产模式使企业的财务融资逐步实现"去杠杆化生存",逐渐摆脱商业银行总是基于"重资产"的财务报表与抵押资产的信贷审核方法。

在互联网经营的时代,由于企业经营透明度的不断提高,按照传统财务理论强调适当提高财务杠杆以增加股东价值的财务思维越来越不合时宜。另外,传统财务管理割裂了企业内融资、投资、业务经营等活动,或者说企业融资的目的仅是满足企业投资与业务经营的需要,控制财务结构的风险也是局限于资本结构本身来思考。

互联网时代使得企业的融资与业务经营全面整合,业务经营本身就隐含着财务融资。大数据与金融行业的结合产生了互联网金融这一产业,从中小企业角度而言,其匹配资金供需效率要远远高于传统金融机构。以阿里金融为例,阿里客户的信用状况、产品质量、投诉情况等数据都在阿里系统中,阿里金融根据阿里平台的大数据与云计算,可以对客户进行风险评级以及违约概率的计算,为优质的小微客户提供信贷服务。

集群供应网络是指各种资源供应链为满足相应主体运行而形成的相互交错、错综复杂的集群网络结构。随着供应链内部技术扩散和运营模式被复制,各条供应链相对独立的局面被打破,供应链为吸收资金、技术、信息以确保市场地位,将在特定产业领域、地理上与相互联系的行为主体(主要是金融机构、政府、研究机构、中介机构等)建立的一种稳定、正式或非正式的协作关系。集群供应网络融资就是基于集群供应网络关系,多主体建立集团或联盟,合力解决融资难问题的一种融资创新模式。其主要方式有集合债券、集群担保融资、团体贷款和股权联结等,这些方式的资金主要源于企业外部。大数据可以有效地为风险评估、风险监控等提供信息支持，同时通过海量的物流、商流、信息流、资金流数据挖掘分析，人们能够成功找到大量融资互补匹配单位，通过供应链金融、担保、互保等方式重新进行信用分配，并产生信用增级，从而降低融资风险。

从本质上讲，大数据与集群融资为融资企业提供了信用附加，该过程是将集群内非正式（无合约约束）或正式（有合约约束）资本转化为商业信用，然后进一步转化成银行信用甚至国家信用的过程。大数据中蕴含的海量软信息打破了金融行业赖以生存的信息不对称格局，传统金融发展格局很可能被打破。如英国一家叫 Wonga 的商务网站就利用海量的数据挖掘算法来做信贷。它运用社交媒体和其他网络工具大量挖掘客户碎片信息，然后关联、交叉信用分析，预测违约风险，将外部协同环境有效地转化成为金融资本。

在国内，阿里巴巴将大数据充分利用于小微企业和创业者的金融服务上，依托淘宝、天猫平台汇集的商流、信息流、资金流等一手信息开展征信，而不再依靠传统客户经理搜寻各种第三方资料所做的转述性评审，实现的是一种场景性评审。阿里巴巴运用互联网化、批量化、海量化的大数据来做金融服务，颠覆了传统金融以资金为核心的经营模式，在效率、真实性、参考价值方面比传统金融机构更高。大数据主要是为征信及贷后监控提供了一种有效的解决途径，使原来信用可得性差的高效益业务（如高科技小微贷）的征信成本及效率发生了重大变化。但是，金融业作为高度成熟且高风险的行业，有限的成本及效率变化似乎还不足以取得上述颠覆性的成绩。

传统一对一的融资受企业内部资本的约束，企业虽然有着大量外部协同资本，但由于外部信息不对称关系，这部分资本无法被识别而被忽略，导致了如科技型中小企业的融资难等问题。通过大数据的"在线"及"动态监测"，企业处于集群供应网络中的大量协同环境资本将可识别，可以有效地监测并转化成企业金融资本。

阿里巴巴、全球网等金融创新正在基于一种集群协同环境的大数据金融资本挖掘与识别的过程,这实际上是构建了一种全新的集群融资创新格局。集群式企业关系是企业资本高效运作的体现,大数据发展下的集群融资创新让群内企业有了更丰富的金融资源保障,并继续激发产业集群强大的生命力和活力,这是一种独特的金融资本协同创新环境。根据大数据来源与使用过程,大数据发展下集群融资可以总结为三种基本模式,分别是"自组织型"大数据集群融资模式、"链主约束型"的大数据集群融资模式,以及"多核协作型"的大数据集群融资模式。阿里巴巴、Lending Club 代表的是"自组织型"模式;平安银行大力发展的大数据"供应链金融"体现的是"链主约束"模式;由众多金融机构相互外包的开放式征信的"全球网",正好是"多核协作"模式的代表。

第四章 企业预算与成本管理

预算的使用对于任何企业的计划和控制都是重要的。预算可以帮助不同的经理人和部门之间相互协调和达成共识。预算赋予部门经理安排支出的权力并向他们提出了盈利目标。通过提供与实际行动相对照的计划方案，预算是一种分析实际业务绩效的可靠方法。总之，预算产生的信息可以衡量企业的发展，并且使企业可以根据实际工作情况向预设的业务计划方案转变。成本管理是企业管理的重要组成部分，成本削减是企业控制成本的目标。对任何类型企业来讲，要在激烈市场竞争中保存自己的实力地位，并不断发展下去，一定要加强管理，提升其成本控制力，培育自身成本竞争优势。在全球经济危机大环境中，企业也需要做好基础预算工作和成本管理工作。

第一节 企业预算管理

一、企业预算管理概述

有人经常会问：如何把预算做准？这一问题是没办法回答的。因为预算是一项管理，我们不能用准确不准确来衡量预算管理的成效。管理，主要看效果，看被管理者被推动了没有。被管理者动了，而且是往你想要的位置动，这就说明有成效，这就是好事。

比如说，明年我们给销售总监定了 10 亿的目标，结果他奋力去做，天时地利加上他自己的努力，完成了 13 亿。我们大可不必

第四章　企业预算与成本管理

扇自己几个嘴巴,怨自己没有把目标定准,让他们超额完成了任务。你应该看到这是好事。准不准不重要,你定的这个目标让他积极努力去做了,这就说明成功了,应该鼓掌。

从上面的比较可以看出,"计划"的出发点是"做事",一个人或一个组织当然希望做事越多越好,所以是"无限"的。做事当然要追求结果,"计划"关注的是"事情办成了没有,办成了多少"。如果能办成"事","计划"并不苛求办事人的办事方式、思路、方法,也并不苛求办事人要遵守当初的打算和安排,只要把事情办成了,办事人可以随时改变当初的安排,所以"计划"是易变的、不严肃的。当然,这些必须是在一个前提下进行,那就是"与钱无关"。当"计划"一旦与钱有了关联,就不能那么随心所欲了,因为在任何一个组织中,"钱"都是"有限"的。在这个前提下,我们并不希望事情做得越多越好,因为受到了"钱"的限制。我们希望事情要有"结果",更要有效果,要"多挣钱、少花钱"。我们不主张随意改变承诺和安排,因为"钱"并不能随意、随时增加。所以,预算制约着计划。当然,"钱"本身并不具备繁殖能力,在"做事"中花去,也靠"做事"挣回来。不做事,既不挣钱也不花钱,当然也就无须对"钱"进行安排,无须预算管理。

有人说,"预算管理其实就是目标管理的具体方法"。这种表达实际上不准确,是会误导人们的行为的。我们很难把目标定得很准确,而如果目标不准确的话,不仅起不到激励作用,反而会引导人们放弃目标。比如,现在有一袋 100 斤的大米,放在一个 10 岁孩子的面前,你告诉他,只要把这袋大米扛到四楼,这袋大米就归他。这孩子会试图去扛吗? 不会的,他扭头就走了。

这样的现象在很多企业的预算管理推进过程中也经常出现,甚至有人因此来否定预算管理,说预算管理是把企业未来的经营活动装进预先设定的一个框子里,这样会束缚企业经营活动的手脚,僵化企业的灵活性。他们还进一步解释,企业面对的是市场,并不是面对的预算,然而推行预算管理的结果恰恰是让企业面对预算而不是市场。企业最终接受的应该是市场的选择而不是预算的选择。

综上所述，企业要想获得长远的发展，就有必要对预算管理有一个清晰的分析和认识。

（一）预算管理的概念

要了解预算管理的概念，首先应明确什么是预算。对于预算的界定，目前存在几种不同的观点。

安达信"全球最佳数据库"认为："预算是一种系统的方法，用来分配企业的财务、实物及人力等资源，以实现企业的既定目标。企业可以通过预算来控制战略目标的实施进度，有助于控制开支，并预测企业的现金流量与利润。"

此外，也有人认为：预算是企业实施管理的工具；预算是指企业的全面预算管理体系；预算是一种用数字和表格说明的计划书。

对于什么是预算管理，目前主要有两种代表性观点：一种观点认为，预算管理是利用预算对企业内部各部门、各单位的各种财务及非财务资源进行分配、考核、控制，以便有效地组织和协调企业的生产经营活动，完成既定的经营目标。另一种观点认为，预算管理的实质是一套由预算的编制、执行、内审、评估与激励组成的可运行的、可操作的管理控制系统，它体现了"权力共享前提下的分权"的哲学思想。

（二）现代企业预算管理

企业预算是指企业未来一定时期内，经营、资本、财务等各方面的收入、支出、现金流的总体计划，它将各种经济活动的计划用货币形式表现出来。最早将预算作为管理手段应用于企业的是美国，预算首先应用在广告费分配上。第一次世界大战后，美国工业生产得到了快速的发展，企业规模的扩大使管理人员增加，产生了分权化管理，如何使管理分权而又不失控成为一个突出问题；同时，企业生产规模的盲目扩大也导致一些企业出现了

第四章　企业预算与成本管理

生产过剩、产品销路不畅等现象。这些问题和现象迫使企业管理者开始寻求对市场进行预测、计划其生产能力与销售、协调部门间经济活动的办法和手段。于是一些企业管理者将预算引入企业管理，以此来计划、协调、控制企业的经济活动。企业预算是一个闭合循环系统，主要是以企业战略定位和经营计划为导向，结合企业不同发展周期，通过确定预算目标、编制经营预算、资本预算，最终形成财务预算的过程。其构成体系如图4-1所示。

企业预算管理指企业根据发展规划和战略目标，在对未来经营环境进行分析预测的基础上，以价值形式对预算期内所有经营活动、投资活动和财务活动进行统筹安排，并以预算为标准，对预算执行过程和结果进行控制、核算、分析、考评、奖惩等一系列管理活动的过程。

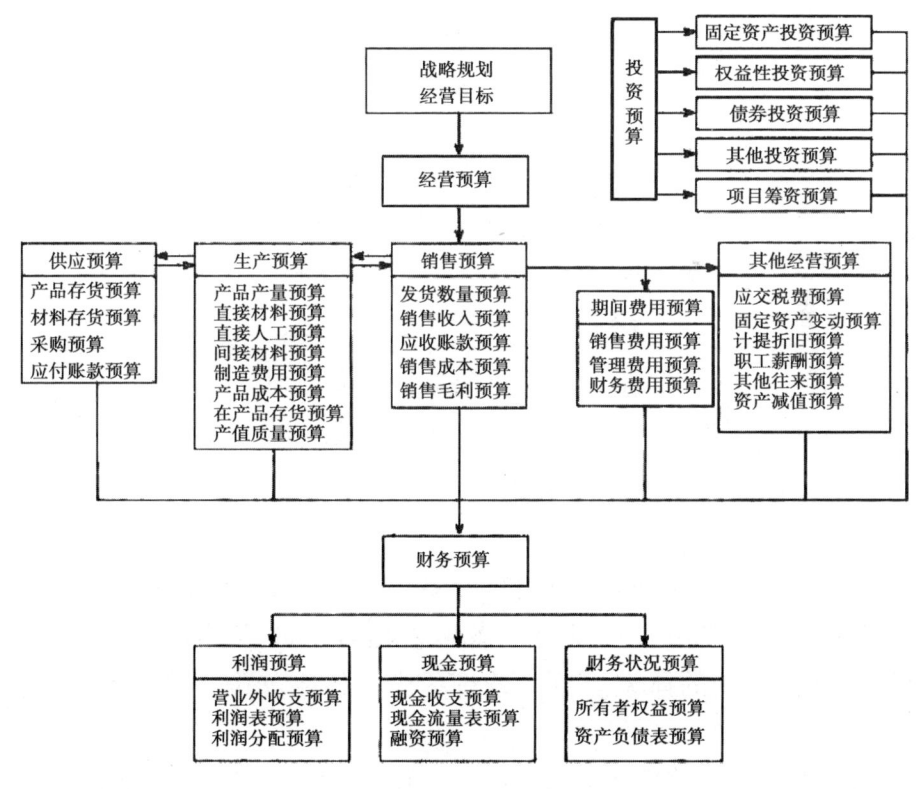

图4-1　现代企业预算体系

全面预算管理是企业内部管理控制的主要工具和方法。预算管理是企业整合内部资源的手段和战略执行的有效工具,是全员参与、涵盖企业各类生产要素、贯穿企业经营发展全过程的综合管理活动,也是现代企业市场竞争能力的重要体现。企业全面预算管理体系如图4-2所示。

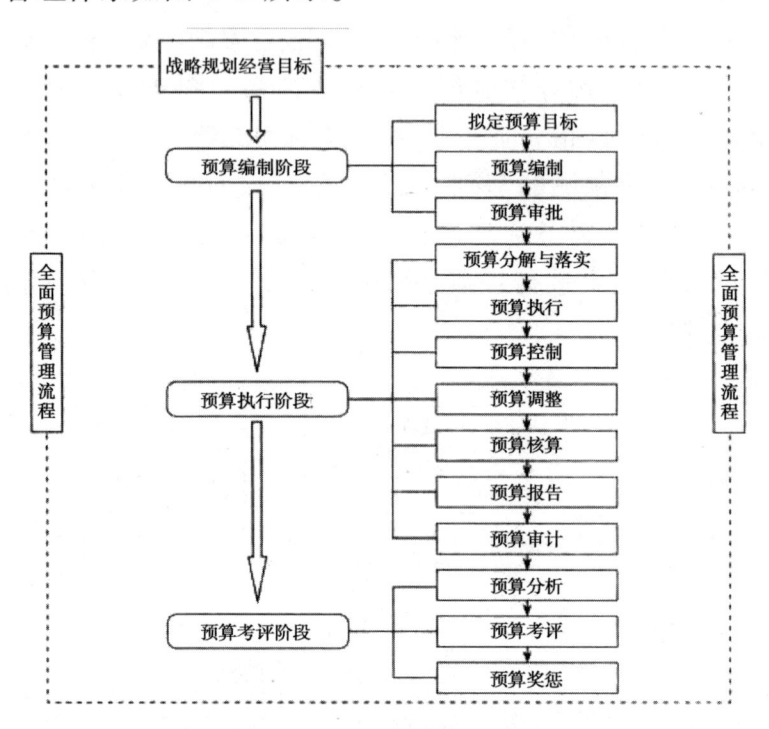

图4-2 企业全面预算管理体系

二、预算管理的内容体系

一个完整的企业全面预算应包括业务预算、专门决策预算和财务预算三大部分。三部分又各自包括若干内容,构成一个错综复杂、相互影响的体系。预算管理的内容体系如图4-3所示。

第四章　企业预算与成本管理

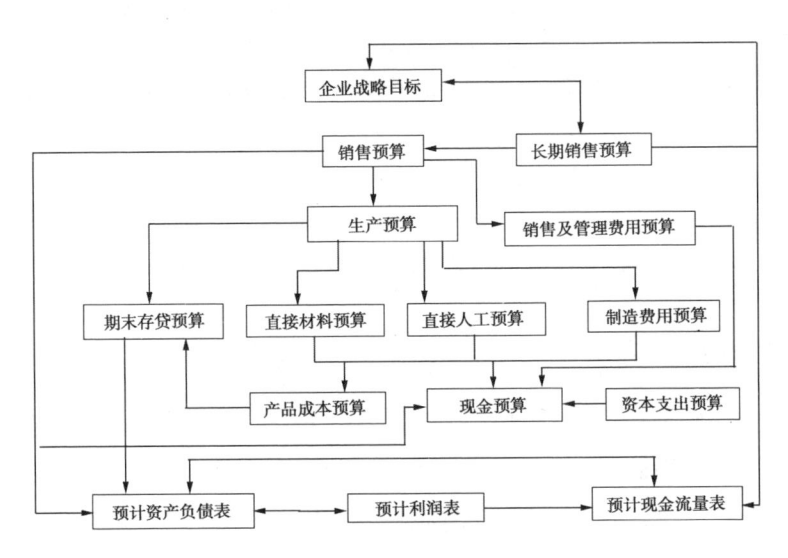

图 4-3　全面预算的内容体系及其相互关系

（一）业务预算

业务预算反映企业在计划期间日常发生的各种具有实质性的基本活动。主要包括销售预算、生产预算、直接材料采购预算、直接人工预算、制造费用预算、单位生产成本预算、推销及管理费用预算等。

1. 销售预算

销售预算是预算期内预算执行单位销售各种产品或者提供各种劳务，可能实现的销售量或者业务量及其收入的预算。

2. 生产预算

生产预算是根据销售量预算和必要的期末存货量，对生产所需要的资源进行的计划安排。

3. 采购预算

采购预算是预算执行单位在预算期内为保证生产或者经营的需要，而从外部购买各类商品、各项材料、低值易耗品等存货的预算。

从事工业生产预算执行单位的采购预算也可以称为直接材料及采购预算，主要反映预算期内各种材料预计消耗量、采购量和采购金额以及采购款项支出情况。

对于非生产型预算执行单位的采购预算，则主要反映预算期内各种商品的预计采购量和采购金额以及采购款项支出情况。

4. 直接人工预算

直接人工预算是从事工业生产的预算执行单位，反映预算期内人工工时消耗水平、人工费用开支水平的经营预算。直接材料预算相同，直接人工预算的编制也要以生产预算为基础进行。

5. 制造费用预算

制造费用预算是从事工业生产的预算执行单位在预算期内，为完成生产预算所需要各种间接费用的预算。

6. 产品成本预算

产品成本预算是从事工业生产预算执行单位在预算期内，生产产品所需要的生产成本、单位成本和销售成本的预算。

7. 营业成本预算

营业成本预算是非生产型预算执行单位为了实现营业预算，而对预算期内在人力、物力及财力方面所必要的直接成本预算。营业成本预算主要依据企业有关定额、费用标准、物价水平、上年实际执行情况等资料编制。

8. 营业与管理费用预算

营业与管理费用预算是预算期内，预算执行单位组织经营活动所必要的管理费用、营业费用等方面的预算。

(二)专门决策预算

专门决策预算是企业为某个决策项目而编制的预算,包括资本预算和筹资预算等。

1. 资本预算

资本预算是资本资源在企业内的分配预算,即企业内部项目间的资本配置方案。由于资本支出决策对企业生存与发展的绝对重要性,资本预算在企业预算管理中具有特殊的地位。

资本预算主要包括固定资产投资预算、权益性资本投资预算和债券投资预算。(1)固定资产投资预算。固定资产投资预算是企业在预算期内,购建、改建、扩建、更新固定资产进行资本投资的预算,应根据本单位有关投资决策资料和年度固定资产投资,在投资项目可行性研究的基础上编制。企业处置固定资产所引起的现金流入,也应列入资本预算。企业如有国家基本建设投资、国家财政生产性拨款,应根据国家有关部门批准的文件、产业结构调整政策、企业技术改造方案等资料单独编制预算。(2)权益性资本投资预算。权益性资本投资预算是企业在预算期内为获得其他企业单位的股权及收益分配权而进行资本投资的预算,应根据企业有关投资决策资料和年度权益性资本投资计划编制。企业转让权益性资本投资,或者收取被投资单位分配的利润(股利)所引起的现金流入,也应列入资本预算。(3)债券投资预算。债券投资预算是企业在预算期内为购买国债、企业债券、金融债券等所做的预算,应根据企业有关投资决策资料和证券市场行情编制。企业转让债券收回本息所引起的现金流入,也应列入资本预算。[①]

资本预算的特征表现为:一是通常包括最初始现金投入,并对公司的未来获利能力产生长期影响;二是在方案实施过程中会出现经常性的现金流入和现金流出,比如增加的收入、增加(或

---

① 关于企业实行财务预算管理的指导意见[J].商业会计,2002(07):61-63.

节约）的营运成本等，因此需要考虑现金流的折现；三是所得税是资本预算的重要因素，因此在每一个资本预算决策中必须考虑所得税。根据这些特征，对资本性支出项目的预算管理要坚持贯彻"量入为出，量力而行"原则，杜绝没有资金来源或负债风险过大的资本预算。要充分考虑未来的现金流，资本性支出的安排不能造成经营性支出困难。

2. 筹资预算

筹资预算是企业在预算期内需要新借入的长短期借款、经批准发行的债券，以及对原有借款、债券还本付息的预算，主要依据企业有关资金需求决策资料、发行债券审批文件、期初借款余额及利率等编制。

3. 财务预算

财务预算反映企业在预算期内的有关现金收支、经营成果和财务状况。财务预算是全面预算体系的最后环节，可以从价值方面总括地反映经营预算和专门决策预算的结果。财务预算具体包括现金预算、预计利润表和预计资产负债表。

（1）现金预算

现金预算是用货币反映的一定时期内现金的收支、筹措和运用的数字化计划，是企业各种计划和综合预算的归宿，是现金管理最重要的工具。现金预算以业务预算、资本预算和筹资预算为基础编制。现金预算关系到企业的稳定经营与可持续发展。

（2）预计利润表

预计利润表是综合反映企业在预算期间的收入、成本费用及经营成果情况的预算报表。一般根据销售或营业预算、生产预算、产品成本预算或者营业成本预算、期间费用预算、其他专项预算等有关资料分析编制。

（3）预计资产负债表

预计资产负债表是按照资产负债表的内容和格式编制的，综合反映预算执行单位期末财务状况的预算报表。一般根据预算期初实际的资产负债表和销传或营业预算、生产预算、采购预算、资本预算、筹资预算等有关资料分析编制。

三、预算管理的工作机构

预算管理的工作机构,也就是具体推进和实施预算管理的工作班子。有很多企业的预算管理工作班子基本上全是财务部门的人,这又是个"草台班子",因为弄到最后所有工作都抛给了财务人员,结果成了财务部门的预算管理,最终变成财务部内几个人自娱自乐的一项活动。

预算管理委员会是预算管理的领导机构,具体工作还要各系统的人去做。

预算编制、预测、分析、调整、执行、跟踪、考核等一系列流程,都是很具体的工作,要求比较细,所以必须要有一个工作班子。

在财务系统里面,财务分析模块是预算管理的具体工作机构,同时,在其他各业务和管理系统里,也应该指定一两名文职人员负责本系统的预算管理工作。这是一个经常性的工作,专业要求比较高。财务系统要和各系统相互配合,以各系统为主,财务系统给予其必要的支持和配合(见图4-4)。

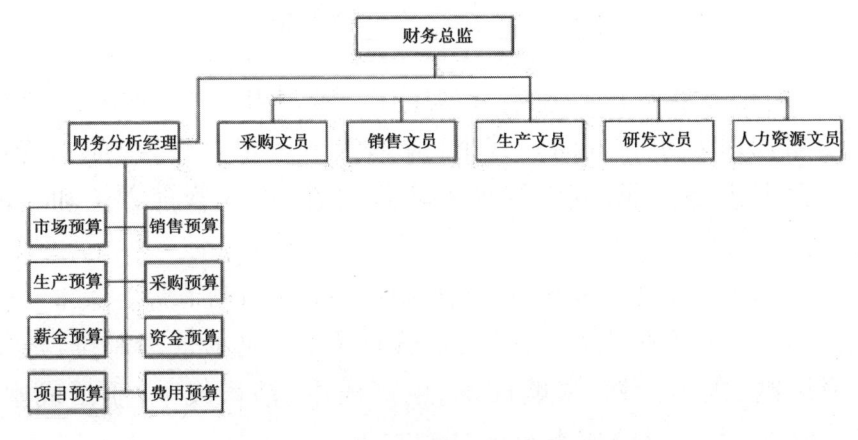

图4-4 财务系统的预算管理工作机构

第二节 企业成本管理

一、成本管理内涵

成本管理是以企业价值最大化为目的,以成本信息的产生和利用为基础,进行预测、决策、计划、控制、分析和考核等一系列的科学管理活动。正确把握成本管理的内涵应注意以下方面。

(一)加强成本管理、提高效益是企业本质的要求

企业是经济组织,承担了诸多的社会责任,但最重要、最核心的是经济责任,加强成本管理提高效益、实现价值的最大化是经济组织的本质要求。

(二)成本管理的目标是取得成本竞争优势

市场经济体系是以价格、成本及利润为导向的竞争经济。成本管理的目标已不再只是短期降低成本,而是取得长期成本竞争优势。

(三)成本管理涵盖企业管理的各个方面

(1)成本管理内容包括管理思想、管理组织、管理方法、管理手段和管理人才等方面。其中,成本管理思想是灵魂,成本管理组织合理化是保证,成本管理人才是关键,成本管理方法和手段科学化是条件。

(2)成本管理职能包括计划、组织、控制和调节等。

(3)成本管理对象包括成本管理文化、成本管理制度、成本管理机制、成本计划、采购成本、生产成本、销售成本、质量成本、融资成本、人力资源成本及信息成本等。

二、成本管理导向

成本管理导向是指对成本管理活动的引导、指示和方向,包括以绩效为导向及成本控制过程为导向的成本管理。

(一)以绩效为导向

企业是以营利为目的的经济组织,组织应当将提高经济效益作为基本的职能,并将该职能制度化地落实到各层次、各部门、各项职务及岗位,把提高"绩效"作为员工优先的任务。

美国企业家不仅把企业看作营利的场所,而且把它当作创造社会财富的场所,十分注重成本效益,把绩效放在第一位。他们认为管理层只能以它创造的经济成果来证明自己存在的必要性与权威性,如果管理未能创造经济成果,管理就是失败的;如果管理层未能以顾客愿意支付的价格提供客户需要的商品和服务,管理就是失败的;如果管理层未能用交付于其的经济资源提高或至少保持其价值,管理也是失败的。

他们认为"绩效虽然不是社会赋予企业的唯一任务,但它是优先的任务"。企业以创造经济效益为绩效,企业管理层在进行决策时不但要考虑对社会所造成的影响,同时也需要把经济绩效放在首位。

在执行企业决策的管理过程中,管理策略也要时刻围绕着绩效展开。只有组织及管理者时刻关注企业的绩效,才能引导及带动员工为实现企业的绩效目标全力以赴,创造出最佳业绩。

(二)以过程控制为导向

成本绝非单纯是账簿的产物,成本是在经济活动过程中发生的,应该从过程层面去把握成本。成本控制过程强调对全程的全面把握和对关键点的监督。进行成本过程管理之前都必须明确目标、绩效、成果及制订衡量的指标与标准,明确要使成本过程管理获得成功所需具备的基础及条件,拟定采用的策略、措施与方法。如图 4-5,成本控制过程是将所拥有的人力、设备设施、物料和环境等资源,转化成为社会所需要的产品与服务,并获得超出投入资源的盈余的过程。

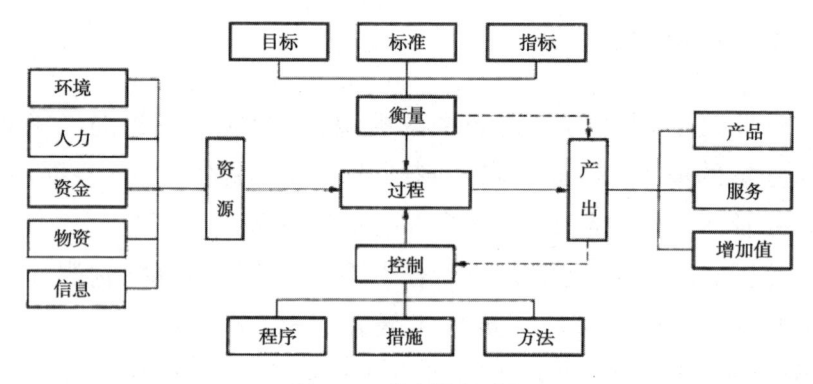

图 4-5　成本控制过程

企业的基本职能通过生产、流通和服务等经济活动,将所拥有的人力、设备设施、物料和环境等资源转化为社会所需的产品或服务,并获得超出投入的资金和财物的盈余。

我们认为要实现企业这一基本职能,应当将成本绩效与成本过程控制互为条件并互为结果,即没有良好的成本控制不可能有理想的绩效及成果,没有对绩效及成果的追求也不可能有卓越的成本控制。

卓越的成本管理离不开精干、高效的成本管理组织。成本管理组织机构以企业自身的组织结构为基础,结合企业实际,遵循统一领导、分级管理的原则,明确及落实各层级员工成本管理职责和权限,各负其责、各展其功、各自努力、相互协调、彼此促进,最终汇聚成降低成本、提高效益的巨大力量。成本管理责任体系可分为决策层、管理层和执行层三个层次(如图 4-6 所示)。

第四章　企业预算与成本管理

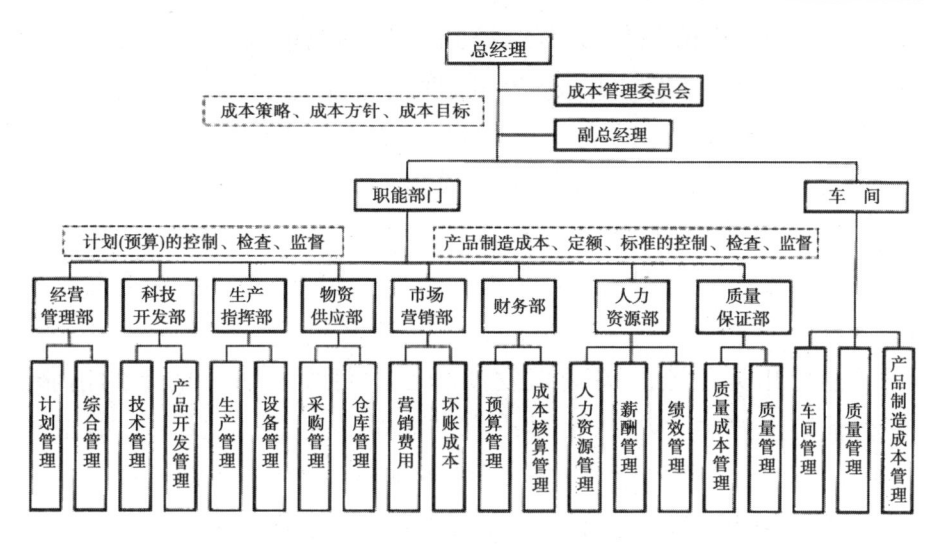

图4-6　成本管理组织结构图[①]

三、企业成本管理工作体系

(一)成本预测

成本预测是指依据掌握的经济信息和历史成本资料,运用一定的科学方法,对未来成本水平及其变化趋势做出科学的估计。

成本预测目的是为管理者提供经营决策所需要的信息,为编制全面预算和成本计划提供依据,为评价成本战略提供依据,为成本预警系统及时提供信息。

1. 预测的内容

成本预测的内容主要包括可比产品成本降低率预测、可比产品成本降低额预测。

(1)可比产品成本降低率的预测

这种预测以预计计划期的各项主要技术经济指标的变动程度为基础,以此来测算计划期可比产品成本降低率的一种预测方

---

① 包科刚.现代企业成本管理导航[M].上海:复旦大学出版社,2009:11.

法。其中：各项主要技术经济指标包括材料消耗定额、材料价格、劳动生产率、平均工资、产量、变动性制造费用以及废品率的变动，这些技术指标的变动均会对产品成本的升降产生影响。

（2）可比产品成本降低额的预测

这种预测以计划年度采取的各项降低成本的具体措施为基础，以此来测算计划期可比产品成本降低额，进而确定成本降低率。

进行此类预测的关键是发动职工制订切实可行的节约措施，在此基础上测算这些措施对成本的影响并汇总，以此与目标成本比较，据此可检验目标成本实现的可能性并对此予以修正。

这种预测与前述可比产品成本降低率预测的显著不同在于：一是先确定降低额，后确定降低率，而不是相反；二是以各项成本降低措施为依据测算，而不是以主要技术经济指标的测算为依据。

2. 预测的基准和假设

可靠的成本预测的信息应建立在合理确定成本预测基准和预测假设、科学界定预测期间、正确运用预测方法和编制程序等基础上。企业成本预测信息质量保障机制主要从以下几个方面来实现。

（1）保证成本预测基准的可靠性

预测基准有内部事实和外部事实之分，一般包括公司历史成本信息、企业现有技术水平及生产能力、行业内成本的平均水平、先进的成本水平标杆、企业外部对成本产生重大影响的因素等。

（2）保证预测假设的合理性

预测性的成本信息是根据合理假设基础对未来的趋势、事件等所做的预测性陈述，主要是基于主观的估计和评价，一旦客观条件发生变化，原先做出预测的合理假设基础也发生变化或者不再存在而使预测性信息失真，这时应对预测信息进行更正。

第四章　企业预算与成本管理

（3）科学界定成本预测时间

预测性成本信息时间跨度的长短与预测成本信息的质量呈反向关系。一般情况下，预测成本信息的编制期间应与实际成本报表的编制时间相同，以便进行对比分析。

（4）正确运用预测方法

要确保预测的信息和历史信息的可比性，生成预测性成本信息所运用的会计原则、会计政策应当与提供实际成本报表所用的原则、政策相一致。采用的预测方法一般是将定性和定量方法相结合。

（5）科学的预测

第一，预测前要充分地收集相关材料，选取适宜的预测方法。

第二，进行初步预测后，将初步预测的结果提交相关人员征求意见。

第三，对初步预测的结果进行必要的调整后，形成尽可能切合实际的预测报告。

3. 业务流程

（1）确定成本预测课题，明确成本预测的目标、范围、对象、时间、频次和基准。

（2）收集所需要的信息。收集预测所需的各类信息是成本预测的一项十分重要的工作。成本预测的正确性在很大程度上取决于预测时所依据的基础信息的多少及其准确性。

（3）选择适当的预测方法。不同的预测对象，所采用的具体预测方法也不同：进行定量预测，要建立预测的数学模型；进行定性预测，要建立合理的逻辑推理程序。

（4）做出预测结果。在信息收集的基础上，通过研究分析，明确哪些因素会对企业未来的成本水平产生比较大的影响，找出这些因素的发展趋势，将其确定为未来成本的变量，通过一定的方法可以测算出未来的成本水平。更多的情况是企业通过对所获取的资料进行定性分析而得出预测的结果。

（5）提交成本预测报告。成本预测报告要点包括以下方面。

第一，成本预测报告应采用与实际成本报告相同的格式，体现可比性原则。

第二，采用报表附注的形式把一些重要的预测性成本信息揭示出来，以提高成本信息的相关性。

第三，采用的基本预测假设和重要会计原则、会计政策应列出来，便于使用者理解。

第四，预测性质的揭示。让使用者理解成本预测都含有一定的不确定性，防止使用者盲目依赖预测性的成本信息。

（二）成本计划

计划是企业行动的先导，是企业管理的基本职能之一，它涉及对未来活动的思考、分析判断和策划。有人曾对不同的管理者做过一种形象的比喻：平庸的管理者解决过去的问题，称职的管理者解决现在的问题，杰出的管理者解决未来的问题。优秀企业家都视计划为企业管理职能的第一要素，强调计划是提高企业管理绩效的重要保证和前提条件。

1. 成本计划概念

成本计划是企业成本管理的基本职能之一，是合理高效配置资源、统一协调各种工作、实现企业经营目标的重要保证和基本方法。

成本计划是以货币形式规定企业在计划期内产品生产耗费和各种产品的成本水平以及相应的成本降低水平和为此采取的技术上可行、经济上合理的书面方案。

通过成本计划把目标成本层层分解，落实到经营活动的每个环节及相应的部门及责任人，以调动全体职工的积极性，有效地进行成本控制。分析实际成本与计划成本之间的差异，指出有待加强控制和改进的领域，评价有关部门的业绩，从而达到增产节约、提高经济效益的目的。

2. 成本计划业务流程

（1）搜集整理资料

搜集资料并进行归纳整理是编制成本计划的必要步骤，所需搜集的资料是编制成本计划的依据。这些资料主要包括：企业下达的成本降低额、降低率和其他有关技术经济指标；成本预测及决策的资料；生产能力及其利用情况；计划期生产、物料供应、劳动工资和技术组织措施等计划；材料消耗、物资供应、劳动工资及生产效率等计划资料；计划期内的物资消耗定额、劳动工时定额、费用定额等资料；以往同类成本计划的实际执行情况及有关技术经济指标完成情况的分析资料；同行业同类产品的成本定额、技术经济指标资料及增产节约的经验和有效措施；本企业的历史先进水平和先进经验；国外同类产品的先进成本水平情况等资料。

此外，还应深入分析现实的情况和未来的发展趋势，了解影响成本升降的各种有利和不利因素，研究如何克服不利因素和降低成本的具体措施，为编制成本计划提供丰富、具体和可靠的成本资料。

（2）确定目标成本

成本管理部门依据前年度与上年度经营成本计划完成情况，结合计划期内各种因素的变化及拟采取降本增效策略、措施和方法，进行预测、修订、平衡后估算基期成本（费用）水平，拟定目标成本，并由总经理召集各责任中心主管研讨协商后，将降本增效指标下达各责任中心。

（3）分解及落实目标成本

各责任中心在总结上期成本计划完成情况的基础上，结合下达的目标成本，分析实现目标成本指标的有利和不利因素，制订成本控制的策略、措施和方法，拟订控制或降低成本的方案，编制各责任中心成本（费用）计划。

（4）编制成本计划

成本管理部门适时与各责任中心协调联系,综合、汇总、评估各责任中心成本(费用)计划,并视需要开会商讨、协调及衔接,在此基础上编制成本(费用)计划。

（5）下达成本计划

成本(费用)计划经经理办公会审定,下达至各职能部门执行。

（三）成本控制

成本控制是指企业根据预先建立的成本管理目标,由成本控制主体在其职权范围内,在生产耗费发生以前和成本形成过程中,对各种影响成本的因素和条件采取的一系列预防和调节措施,以保证成本管理目标实现的管理行为。①

成本控制的目的是要确保预期计划及目标的实现,尽可能取得最佳的经济效益。成本控制包括:制订成本控制标准、成本控制和纠正偏差三项基本要素,它们在成本控制过程中构成一个次序分明、相互关联、缺一不可的完整体系。参见图4-7。

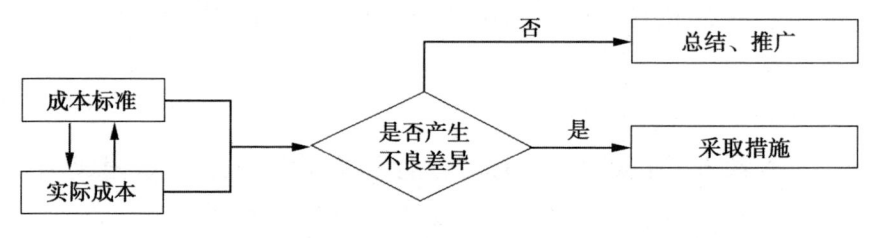

图 4-7 成本控制示意 ②

成本标准是成本控制的准绳,成本控制标准是成本计划实施中对现实成本行为的规范,是实施成本控制的前提条件和基本手段,是衡量实际工作是否达到预期目标的标尺。

如果没有成本控制的标准,就无法对实际的成本行为进行检查和衡量,成本控制工作也无法正常进行。参见图4-8。

成本控制标准确定得科学与否直接关系到整个控制工作是

---

① 裴红霞.成本会计研究[N].现代商贸工业,2010-12-15.
② 包科刚.现代企业成本管理导航[M].上海:复旦大学出版社,2009:31.

第四章 企业预算与成本管理

不是能够很好地被执行。从大的方面讲,建立控制标准应有利于企业成本管理目标的实现,能充分反映企业成本管理的预期要求和希望达到的控制目标。

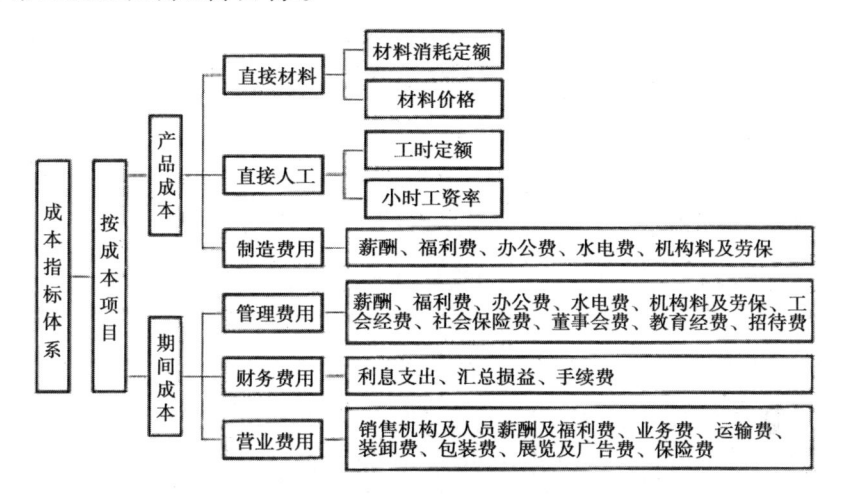

```
成本指标体系
├─ 按成本项目
│   ├─ 产品成本
│   │   ├─ 直接材料 ── 材料消耗定额 / 材料价格
│   │   ├─ 直接人工 ── 工时定额 / 小时工资率
│   │   └─ 制造费用 ── 薪酬、福利费、办公费、水电费、机构料及劳保
│   └─ 期间成本
│       ├─ 管理费用 ── 薪酬、福利费、办公费、水电费、机构料及劳保、工会经费、社会保险费、董事会费、教育经费、招待费
│       ├─ 财务费用 ── 利息支出、汇总损益、手续费
│       └─ 营业费用 ── 销售机构及人员薪酬及福利费、业务费、运输费、装卸费、包装费、展览及广告费、保险费
```

图 4-8 按成本项目划分的指标体系[①]

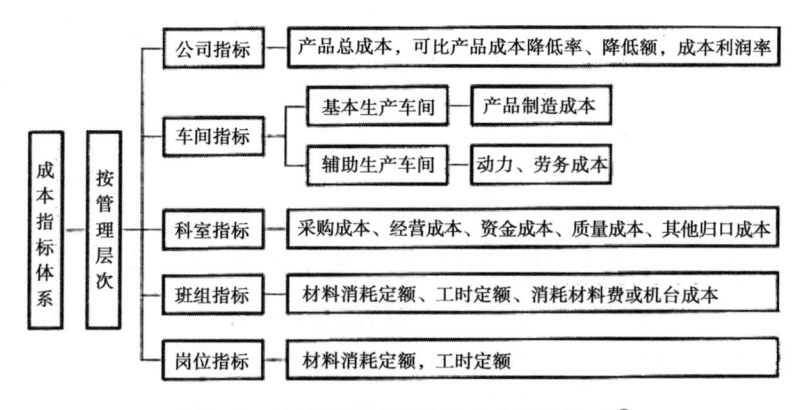

```
成本指标体系
└─ 按管理层次
    ├─ 公司指标 ── 产品总成本,可比产品成本降低率、降低额,成本利润率
    ├─ 车间指标
    │   ├─ 基本生产车间 ── 产品制造成本
    │   └─ 辅助生产车间 ── 动力、劳务成本
    ├─ 科室指标 ── 采购成本、经营成本、资金成本、质量成本、其他归口成本
    ├─ 班组指标 ── 材料消耗定额、工时定额、消耗材料费或机台成本
    └─ 岗位指标 ── 材料消耗定额,工时定额
```

图 4-9 按管理层次划分的成本指标体系[②]

从企业管理层的角度看,成本控制标准的确定要从企业的现有条件出发,包括资源条件和管理水平。如果控制标准定得太高,各管理层就会因达不到标准的要求而放弃努力;相反,如果控制标准定得太低,各管理层的积极性和潜力得不到充分的发挥,企

---

① 包科刚.现代企业成本管理导航[M].上海:复旦大学出版社,2009:32.
② 包科刚.现代企业成本管理导航[M].上海:复旦大学出版社,2009:32.

业成本竞争力难以形成。

此外,企业确定的成本控制标准应具有一定的弹性,应能适应内部条件和外部环境的变化而及时调整。最后,成本控制标准所涉及的考核指标要清晰明确,能量化的一定要量化,通过严格界定控制指标及其数量等级,可以防止考核与评价的主观性、随意性和模糊性。

四、成本核算

成本核算是以货币为计量单位,运用成本会计方法,将企业在生产经营过程中发生的各种耗费按照一定的对象进行确认、计量、记录和分析,定期编制成本报告,向管理者提供成本信息,有助于成本信息使用者做出经济决策的一项会计活动。

（一）成本核算的基础

成本核算的基础工作包括原始记录、定额、计量、计价及经济责任等方面的内容。

1. 原始记录

原始记录是指按规定的格式,对生产经营活动进行计量与记录。原始记录是反映企业生产运营活动情况的第一手材料,是编制成本(预算)计划、制订各项定额的主要依据,是成本管理的基础。

各类原始记录应包括：内容、项目、计量单位、数量、日期、部门、填表人等基本内容。原始记录应根据业务种类指定专人负责填写,并按规定送有关业务部门,并建立清理、归档、保管制度。

2. 定额

定额是企业在生产管理过程中对人力、物力和财力的利用、占用和消耗方面应当遵循和达到的数量标准。企业定额包括物资消耗定额、劳动定额、费用定额和能源消耗定额。

（1）物资消耗定额。它包括单位产品的物资消耗定额,按产品分车间的消耗定额,按产品分工序的消耗定额,设备维修、物资消耗定额,工、模具消耗定额等。

（2）劳动定额。它包括单位产品工时定额,按产品分车间工序的工时定额,车间科室的人员编制定额,机台设备定员,产品包装工时定额等。

（3）费用定额。它包括办公经费、差旅费、仓库管理费、劳动保护费、培训费等开支标准。

（4）能源消耗定额。它包括单位产品（分车间）的水、电、汽、风等消耗定额,设备电力消耗定额,车间、部门照明用电的消耗定额等。

3. 计量

计量是通过技术和制度相结合的手段,实现量值准确可靠的活动。计量工作为企业生产、科学实验和经济核算提供可靠的数据,从采购原材料到产品出厂各个环节都离不开计量。要保证计量的准确、可靠,必须关注以下方面。

（1）配置必要的计量工具,健全计量责任制。

（2）企业各种消耗的记录统计,都应以经过计量的实际消耗为准,不能以估算、推算、倒算或用定额消耗量作为实际消耗量。对各类物资的收发计量必须办理凭证手续,对余料及时办理退库手续,对废料要及时组织回收并办理结算手续,以使成本核算符合实际。

4. 计价

企业应制订统一的结算价格,包括原材料、半成品、工具、能源、劳务等的结算价格。企业内部价格一般有如下几种。

（1）以生产单位的计划成本作为企业内部价格。

（2）在生产单位计划成本的基础上加上一定的内部利润作

为内部价格。

（3）以供需双方协商一致的价格作为内部价格。

企业内部价格要根据生产经营情况的变化定期予以调整,一般一年调整一次。企业内部价格应由企业计划部、财务部、人力资源部、技术部、生产部及其他有关部门共同制订,各单位不得擅自改变价格标准。

5. 经济责任

经济责任制规定企业内部部门、车间及员工作范围,责任及相应权力。企业建立的内部经济责任制是把部门成本费用职能、岗位责任,以及职、权有机结合而形成的内部经济责任制度,这有利于调动各方面的积极性。

（二）成本核算步骤

成本核算一般分为以下几个步骤。

第一,确认计量成本费用。收集、审核费用的凭证,以正确、完整、合法的原始凭证作为成本计算的依据。

第二,确定成本计算对象。确定成本计算对象（产品、劳务作业等）,以便归集其应负担的费用,计算其总成本和单位成本。

第三,归集和分配生产费用。生产费用,要区分应计入成本的费用和不应计入成本的费用。将应计入产品成本的直接费用如直接材料、直接人工、其他直接费用直接记入产品成本账户。将不能直接归属产品成本的间接费用如车间经费、企业管理费、销售费用则根据费用发生的地点和部门,间接记入有关集合分配账户中,然后,采用适当的分配方法归集到各个成本计算对象中去。

第四,计算总成本及单位成本。按照确定的成本对象以及按成本计算对象归集的生产费用,计算出该成本对象的总成本及单位成本。如果该产品有在产品,则加上期初在产品成本,减去期末在产品成本,即本期完工产品的总成本,以完工产品数量去除,即可计算出完工产品的单位成本。

第五,成本报告。成本报告属于企业内部管理的报表,它是反映企业生产耗费和产品成本结构、成本升降变动、成本预算执行情况的一种会计报表。成本报表的编制应与生产工艺过程和企业内部管理要求相适应。工业企业主要有生产成本表、产品单位成本表、成本预算(计划)执行情况表、制造费用及期间费用明细表等。

(三)责任成本核算

责任成本指的是某一责任中心的可控成本,即责任中心有权控制其形成,并能够影响和调整其数额的成本。

1. 责任成本中心

设置责任成本中心是实施成本责任核算的首要问题。企业内部如何设置成本责任中心、设置多少成本责任中心,取决于企业内部控制、考核的需要。上至企业一级,下至车间、工段、班组,甚至个人都可划分为成本中心,可以说,只要有费用支出的地方,就可以建立成本中心。由于成本中心的规模大小不一,因此,各成本中心的控制、考核的内容也不相同。

(1)成本中心的类型

成本中心有两种类型:标准成本中心和费用中心。

标准成本中心又称"技术性成本中心"。所谓技术性成本,通常是指成本发生的数额通过技术分析可以相对可靠地估算出来的成本,如产品成本中的直接材料、直接人工、间接制造费用等。其特点是投入量(耗费)与产出量有密切关系。技术性成本可通过标准成本或成本预算予以控制。

费用中心又称"酌量性成本中心"。酌量性成本通常是通过费用计划(预算)及费用标准决定其数额的费用项目,如管理费用、销售费用、财务费用、研究开发费、广告宣传费、职工培训费等。其特点是投入量与产出量没有直接关系。费用中心是以控制期间费用为主的责任中心。

（2）责任成本与产品成本

责任成本与产品成本是既有区别又有联系的两个概念。产品成本是以产品为对象归集产品的生产耗费,归集的原则是谁受益、谁承担;责任成本是以责任中心为对象归集的生产或经营管理的耗费,归集的原则是谁负责、谁承担。

2. 责任成本核算程序

成本责任中心 → 责任成本预算 → 责任成本核算 → 责任成本报告

图 4-10　责任成本核算程序

（1）责任中心成本预算

第一,责任成本预算的含义。

责任成本预算是指以责任成本中心为对象,以其可控的成本为内容编制的预算。责任成本预算既是成本责任中心的努力目标和控制依据,又是考核成本责任中心业绩的标准。在实行责任会计的企业中,责任成本预算是企业经营预算的具体化,可以与经营预算融为一体。

成本责任预算是由各个责任指标构成的,包括主要责任指标和其他责任指标两部分。各个成本责任中心的主要责任指标是必须保证实现的指标,是以各个成本责任中心特有的责任和权力为依据而建立的。其他指标是根据企业其他总的奋斗目标分解而得到的或为保证主要成本责任指标的完成而必须完成的责任指标。如成本责任中心劳动生产率、设备完好率、出勤率、各种材料消耗的节约、职工培训等指标。

第二,责任中心预算的编制。

编制成本责任预算的目的在于将成本责任中心的经济责任数量化。就预算编制程序而言有两种方法:一种是在企业总预算的基础上,从责任中心的角度,对总预算进行层层分解而形成的各责任中心的预算。或者把总预算确定的目标,按照企业内部各

第四章 企业预算与成本管理

责任中心进行划分,落实到企业的各个部门和各级单位以保证实现企业的总体目标。这种自上而下、指标层层分解的方式是比较常见的,其优点是使整个企业浑然一体,便于统一指挥和调度;不足之处是可能会遏制责任中心工作的积极性和创造性。另一种是采取自下而上的方式,即首先由各个成本责任中心自行列示各自的预算指标,层层汇总,最后由企业成本管理职能部门进行汇总和调整,从而建立企业总预算。这种方式虽然有利于发挥各责任中心的积极性,但容易使各责任中心只注意本中心的具体情况,或者局限于本部门管理的狭窄范围之内。各责任中心的作用虽然可能得到最大限度的发挥,然而容易造成彼此协调差而影响企业的总体目标。

责任成本预算要与预算年度内其他各项预算(计划)如生产预算、人工预算、材料预算及技术措施紧密衔接,与成本费用计算、控制、考核和分析的口径相一致。

责任成本中心在各项消耗定额费用标准和有关资料齐全的情况下,可采用直接计算法编制。在各项消耗定额、费用预算和有关资料不很齐全的情况下,可以结合成本策略、措施及方法产生的绩效为计算的依据,采用因素测算法编制。

(2)责任成本核算

责任成本核算也称责任成本会计反映,是以货币为主要计量尺度,对责任成本中心成本活动或预算执行的过程与结果进行连续的、系统的记录,定期编制会计报表,形成一系列财务、成本指标,据以考核经营目标或成本计划的完成情况,为经营决策提供可靠的信息和资料。责任成本核算力求会计资料真实、正确、完整,保证成本会计信息的质量。

(3)责任中心成本报告

责任成本绩效报告,是责任单位在一定期间内生产经营活动的成果反映,也是各责任单位履行成本控制责任结果的概括说明。

成本责任报告又称"成本绩效报告",它是根据责任会计记录编制的反映责任预算实际执行情况的会计报告。

成本责任报告的形式主要有报表数据分析和文字说明等。将责任预算的各项指标(目标)及实际履行情况编制报表予以列示是责任报告的基本方式。

五、成本绩效管理

成本绩效管理对于管理者和员工来说是全新的事物,他们需要一个从观念上理解和接纳的过程。缺少认同与承诺的成本绩效管理是很难顺利并有效地实施下去的。加强沟通与培训,使管理者和员工意识到成本绩效管理的必要性与重要性。

成本绩效管理是一个将"成本管理"落实到每个员工,通过提高员工的绩效来实现目标成本的管理工具。成本绩效管理能让每个员工看到自己的工作与组织的整体成本目标之间的联系,从而看到自己工作的意义和价值。其次,成本绩效管理体系可以帮助员工了解组织对自己的要求是什么、自己的工作做得怎么样、有哪些方面需要提高。成本绩效管理是一种绩效导向的成本管理思想,其最终目标是建立企业的成本绩效文化,形成具有激励作用的工作气氛。

(一)成本绩效管理概述

成本管理系统是企业管理系统的一个子系统,绩效管理自然应该包含成本绩效的管理,某种意义上对企业绩效进行评价的过程,就是对成本管理绩效进行评价的过程。

成本管理绩效评价是以成本计划及成本目标水平和控制标准为依据,采用成本与非成本指标相结合的方法,对成本管理的各项活动进行动态的衡量,考察其目标完成程度,并及时提供反馈信息的一种价值判断过程。

成本管理业绩评价既是对企业过去成本管理工作的一个总结,更是为企业未来成本管理提供有力的信息支持,同时也是企业对管理者和员工进行奖惩的依据。

第四章　企业预算与成本管理

(二)成本绩效管理的基本业务

成本绩效管理包括成本绩效考核和激励两个层面的业务。

1. 成本绩效考核

成本绩效考核是一个按照事先确定的成本目标(指标)及其衡量标准,考查员工实际完成的成本绩效情况的过程。考核期开始时签订的成本绩效合同或协议,一般都规定了绩效目标和绩效测量标准。成本绩效合同一般包括:成本控制工作目的描述、员工认可的目标成本(指标)及其衡量标准等。

成本绩效合同是进行绩效考核的依据。绩效考核包括工作结果考核和工作行为评价两个方面,其中,成本控制工作结果考核是对考核期内员工成本控制工作目标(指标)实现程度的测量和评价,一般由员工的直接上级按照绩效合同中的绩效标准,对员工的每一个成本控制工作目标(指标)实际完成情况进行等级评定。

为了正确把握成本管理的各项活动是否给企业带来了应有的管理效果,就需要借助一定的方法来对成本管理工作所取得的业绩进行评价。

成本绩效考核正是针对这一管理要求,通过设计一系列的评价指标,对成本计划与成本控制的执行情况和结果进行评价。通过成本管理业绩评价,评估企业的竞争地位的变化,成本管理活动是否实现了预期的目标。成本管理业绩评价的结果既是对企业过去成本管理工作的一个总结,更是对企业未来成本管理提供有力的信息支持,同时也是企业对管理者和员工进行奖惩的依据。

2. 激励

激励只有符合下列两个条件时才具有作用:一是为被奖励者重视;二是与被奖励者付出的努力和取得的绩效相一致,体现公正与公平。

一般地讲，无论是结果绩效还是行为绩效，只要达到或超过了绩效考核期开始时确定的绩效标准，都应该给予奖励。由于人的需要是千差万别的，对一个人具有较大激励作用的事情，对另一个人来说也许没有激励作用，因此，有效的奖励系统应能反映不同员工的需要。通常的奖励方式包括绩效工资、表扬、晋升、奖金、奖品、特殊津贴等。

（三）成本绩效管理业务流程

成本业绩考核包括：明确业绩评价的目标，确定评价对象，设定评价指标，收集、整理评价信息，进行评价，提交业绩评价报告等步骤。

1. 明确业绩评价的目标

成本管理业绩评价的目标主要表现在两个方面：一是能获得评价所需的信息，能为企业改善成本管理提供信息支持；二是客观地对成本管理绩效进行评判，并据以对经营管理者实施奖惩。

成本管理业绩评价的具体目标应根据各评价对象的管理特征而有所侧重。对经营单位来说，成本管理业绩评价目标主要是评价其成本决策的正确性及对企业的贡献。对企业内部各执行单位来说，其成本管理业绩评价目标主要是评价其计划（预算）执行的效果及贡献。

2. 确定评价对象

以成本为中心作为业绩评价对象，设置相应的评价指标，展开对经营管理者的业绩评价活动。成本管理业绩评价应分为两个层次：一是评价成本决策业绩，二是评价执行成本计划及成本控制的业绩。

3. 设定评价指标

成本管理业绩评价标准是指判断评价经营单位和企业内部各职能部门成本管理业绩优劣的基准。如对经营单位主要是对成本决策效果进行评判，评价的主要指标是围绕企业竞争地位的变化而设定的，因此评价标准应该是竞争对手的相关指标或本企业目标分解形成的比较具体的成本指标。对于企业内部各职能部门来说，评价标准应该是年度成本计划（预算）、标准成本及费用标准的控制。

4. 收集、整理评价的资料

评价指标和评价标准确定以后，就需要收集相关的资料。准确、及时地收集有关的评价资料是业绩评价系统有效运行的重要保证。信息的收集要按照评价目标所要求的方法和渠道，通过对评价主体、评价对象、评价指标、评价标准的认真分析，借助日常报告制度，准确、及时地收集评价所需要的信息。

5. 进行评价

一般来说，在对经营单位进行评价时，主要是将衡量企业成本竞争优势的关键指标，如每百元销售收入成本（费用）率、每百元成本（费用）利润率、劳动生产率某指标与竞争对手的相应指标进行对比，衡量上述关键指标（目标）实现程度，分析产生差异的原因，确认成本决策结果引起的战略优势和劣势，提出解决方案。

6. 提交评价报告

评价报告是评价主体在得出评价结论后，向企业有关方面特别是被评价单位和个人提交的说明评价目的、程序、标准、依据、结果以及结论分析等情况的书面资料。

7. 沟通与交流

（1）对考评结果要做到全面分析，对未达标的部分要加以分析,找出原因并加以修正,调整战略目标,细化职责及工作(作业)标准。

(2)对考核的结果由管理人员与被考核者及时地进行沟通,充分、具体地肯定被考核者的优点,最好能以事例作出说明,让责任人感觉到考核者不是泛泛地空谈而是真诚地认可。对于被考核者存在的不足,要问清楚其缘由后提出具体的建议及要求。

8. 奖惩兑现

对考核成果要按照成本绩效合同和成本目标责任书的奖惩约定,及时进行奖惩兑现。

上述八个环节密切联系,相互促进,各自发挥应有的作用,形成了完整的成本业绩评价体系,共同推动成本管理工作不断前进及不断完善。

第三节 大数据对企业预算和成本管理的影响

一、大数据影响企业的成本

一般认为,企业的生产成本要高于外部供应商的生产成本,这是因为市场上存在着专业化的产品或活动的供应商,与企业相比,它具有规模经济和学习曲线的优势,因而其生产成本要低于企业的生产成本。但是,由于企业内部生产成本及供应商的生产成本都会受到大数据的影响。因此,研究忽略大数据对生产成本的影响,只考虑大数据对内部协调成本和外部协调成本的影响。

以朝阳大悦城为例,其开业之时,正处于零售环境的大变革时期。在电子商务的冲击下,传统的做法已经无法再满足需求,加上所处的地区商业氛围明显不足,朝阳大悦城曾面临很大压力。在巨大的压力下,大悦城很快意识到了未来互联网领域蕴含的巨大潜力,早在2012年,朝阳大悦城就在商场的不同位置安装了将近200个客流监控设备,并通过WiFi站点的登录情况获知客户的到店频率。如今,大悦城已经建成了包括POS收银、CRM会员、MI商业智能管理、ERP系统、客流统计、客流属性分析、车流统计、WiFi系统、广告发布系统、APP管理在内的十大系统,并组建了专门的团队,进行数据的深度挖掘工作。通过对车流数据的采集分析,朝阳大悦城信息部发现,具备较高消费能力的驾车客户是朝阳大悦城的主要销售贡献者,而通过数据测算每部车带来的消费,客单超过700元。商场销售额的变化与车流变化幅度有将近92%的相关度。为此,大悦城对停车场进行了改造,如增加车辆进出坡道、升级车牌自动识别系统、调整车位导识体系等,力争吸引驾车客户。此外,他们还调整了停车场附近商户的布局,极大地提高了优质驾车客群的到店频率。

(一)大数据对企业成本的影响

1. 大数据对内部协调成本的影响

企业的内部协调成本包括代理成本和决策信息成本。

企业通过应用大数据技术,一方面,能够实现信息公开、规范化运营,可以及时发现和解决问题,有助于完善内部控制制度;另一方面,使得内部信息传递、分析更加便捷、快速,同时也使得信息在社会中得到快速扩散,降低了代理人和委托人之间的信息不对称,进而减少了不确定性,节约了代理成本中的监督成本和保证成本。基于大数据的企业内部监督机制相比传统方式具有明显的优越性,并且提高了相关治理过程的效率。由于信息传递的方便、快捷,也使委托代理双方更容易协调,使剩余损失减少。

内部协调成本的另一个重要因素是决策信息成本。大数据时代,与大数据相关的数据采集、存储、变换、分析、挖掘等一系列工具、技术,使得企业信息处理效率显著提高,信息处理的成本也大大降低。同时,大数据背景下,社会信息的产生和传播方式发生了巨大的变化,企业可以拥有关于创意、生产、销售、消费者关系管理等环节的海量信息和数据,以往"闭门造车"的管理模式正在被摒弃,而且有先进的数据交换技术、数据处理技术,在很大程度上解决了以往决策的信息质量低下产生的问题,降低了机会成本。

2. 大数据对交易费用的影响

交易费用理论认为,交易费用即外部协调成本影响企业的纵向边界。交易费用主要由资产专用性、信息不对称性和机会主义行为这三个因素所决定:交易所需的关系性投资的专用性程度越高,交易双方的信息越不对称,机会主义行为越盛行,则交易费用就越高。

大数据技术通过从最不可能的地方提取、量化数据,从而导致供应链管理开始转向大数据价值链的管理,并且这种技术也为把握全局性信息,减少信息不足、信息不对称提供了机遇。同时,大数据的公用性也解决了信息使用的排他性问题,缓解了信息不对称问题。大数据技术应用于市场交易,交易双方就可以掌握以往的交易历史,并可以详细了解、掌握客户的财务状况、信用状况、履约情况等。这样,企业就要从大量的交易对象中筛选出合适的客户进行交易,从而减少或避免机会主义的发生。同时,由于信息能在网络中迅速传播,对交易方的机会主义也起到限制作用。

(二)大数据背景下企业成本的变动

在不同的企业里,大数据对内部协调成本和交易费用的影响程度不同,下降速度也不相同,具体受到组织结构、企业文化、技术特征、信息特征等组织特征的影响。因此,有的企业内部协调成本下降的速度快于交易费用,企业纵向边界不断扩大,企业的规模也不断增大,典型的发展模式是掌握数据的企业沿着产业链进行整合;有的企业内部协调成本下降的速度慢于交易费用,企业纵向边界不断缩小,企业规模将变得更小,对外部资源的依赖性增加,典型的发展模式是以平台为中心,实现资源的快速、低成

第四章 企业预算与成本管理

本交换。

在企业实践中,一方面,越来越多的企业通过大规模的并购以及战略联盟等形式来实现扩张,扩大企业规模,如近几年 IBM、谷歌、戴尔、甲骨文、联想等企业在云计算产业上下游实施了大量并购。另一方面,越来越多的企业在应用大数据后实施流程重组、资产剥离等来缩小规模,采用外包、众包、租赁等方式来完成价值链上的某些环节,企业规模呈现小型化趋势,如宝洁公司采用的众包创新模式。

企业应用大数据可以有效地降低内部协调成本,大数据在经济社会的广泛应用则能有效地降低交易费用,这两者的综合作用引起企业纵向边界的变动。成本管理是现代企业财务管理的重要组成部分,它对于促进增产节流、加强会计核算,改进生产管理,提高企业整体管理水平均具有重大意义。现代企业成本管理面临着诸多问题,如相关成本数据不能及时取得,造成成本核算失误,成本控制多局限于生产环节,忽视流通环节,难以实现全过程成本控制。在大数据时代,财务管理人员能够及时采集企业生产制造成本、流通销售成本等各种类型数据,并将这些海量数据应用于企业成本控制系统,通过准确汇集、分配成本,分析企业成本费用的构成因素,区分不同产品的利润贡献程度并进行全方位的比较与选择,从而为企业进行有效的成本管理提供科学的决策依据。

在大数据时代,传统的会计数据处理模式很难以低成本且有效的方式来解决会计大数据问题。会计云计算为企业集团的会计核算提供了很好的技术支持。会计云计算是一个能为企业提供全天候处理完整业务服务的操作平台,多家企业通过企业操作平台组成一个完整的虚拟网络,使得企业之间形成一条完整的信息链,实现企业间的协作与同步,进而实现企业业务和效益的优化。会计云计算可以像企业用电一样,按使用量进行付费,这就大大减少了购买会计计算所需的软硬件产品的资金,同时免去了耗力且耗时的软件安装和维护。不仅如此,会计云计算有很好的存储能力与计算能力,能对物联网中人的行为和物的行为产生的海量数据进行有效的存储,能快速地处理结构化类型的数据和声音图像等非结构化类型的数据。云计算模式下发展的数据仓库和数据挖掘技术能快速有效地处理会计大数据问题。

基于数据仓库提供的大量原始数据,使用数据挖掘技术找到原始数据潜在的某些模式,这些模式可以给决策者提供有力的决策依据,从而有效地减少商业风险。会计云计算的消费者并不需要清楚会计云计算在网络中的位置,只要有网络的支持,任何地点的消费者都可以通过网络访问云计算服务。由于会计云计算提供虚化的、抽象的物理资源,这些资源可以被云计算提供商租给多用租户。会计云计算提供的资源规模是具有弹性的,业务量增加时,资源规模会发生扩展;反之,资源规模则会收缩。但是这种动态变化的过程并不会中断会计云计算服务,对用户也是透明的。云计算的资源使用是可以被计量且可被控制管理的,云系统可以根据计量服务自动控制并优化资源使用。可以说,云计算是会计大数据的综合解决方案。

随着企业信息化和云计算的发展,企业在提供产品的方式、速度和质量上发生了变化,企业的组织流程、产品服务和业务模式有所创新。随着移动互联网逐步取代了桌面互联网,IT企业给消费者提供的不仅仅是产品,还可以是基于互联网的服务,IT企业发生了由提供产品模式到提供服务模式的转变。在提供产品模式下,一般企业向IT公司采购应用软件、操作软件和服务器硬件时需要投资巨额的资金,更不用说为了完成企业信息化,雇佣相关的信息技术人员进行企业的信息存储和信息计算所消耗的费用。当然,也少不了维护费用。但是,转化成服务交付模式时,与提供产品模式不同,云服务的提供商和消费者旨在在特定技术目标或业务目标下实现交互行为。云服务提供商可以向消费者提供全套的信息化服务,企业不需要进行传统模式下的投资,只需购买云服务提供商的信息化服务,获得信息化使用权。这就免去了一次性购买投资的巨额资金,随时支付购买服务的营运费用即可。

二、大数据影响全面预算体系

大数据为企业带来了一场信息大变革,企业拥有海量的交易数据、运营管理所产生的大量数据,以及供应商数据,在这些数据中隐含着难以计算的信息资源。[1]

(一)大数据时代,企业如何做好全面预算管理

企业通过搭建先进的硬件平台,利用云计算的强大分析能力,随时监控过程执行情况,从而及时调整战略部署。通过大数据,我们可以及时了解到企业的最新状态,找到企业现在的薄弱点,从而有针对性地制订改进计划,将预算应用于最需要的地方。

1. 为传统方法提供可靠的数据基础

大数据将引发企业商业模式的转变,销售预测也将由原来的样本模式转变为全数据模式。随着网络技术的发展,非结构化数据的数量日趋增多,在销售预测中仅根据以往销售数据的统计分析只能反映顾客过去的购买情况,难以准确预测其未来的购买动向,因此,企业如果能将网络上用户的大量评论搜集到数据仓库,再使用数据挖掘技术提取有用信息,就能对下一代产品进行有针对性的改进,也有助于企业做出更具前瞻性的销售预测。

在预算管理方面,大数据可以为建立在大量历史数据和模型基础上的全面预算的合理编制和适时执行控制,以及超越预算管理提供重要的依据。在实施责任成本会计的企业,成本中心、利润中心和投资中心要根据大数据仓库的数据和挖掘技术编制责任预算,确定实际中心数据和相关市场数据,通过实际数据与预算数据的比较,进行各中心的业绩分析与考核。大数据有助于作业成本管理的优化。作业成本法能对成本进行更精确的计算,但其复杂的操作和成本动因的难以确定使得作业成本法一直没有

---

[1] 丁蕊.大数据环境下的企业管理模式变革[J].商场现代化,2015(12):107-108.

得到很好的普及。数据挖掘技术的回归分析、分类分析等方法能帮助管理会计人员确定成本动因,区分增值作业和非增值作业,从而有利于企业采取措施消除非增值作业,达到优化企业价值链的目的。

2. 及时响应市场变化

在大数据世界中,企业根据消费者和企业策略的数据,利用商务智能新技术,开发出各种决策支持系统,从而对市场关键业绩指标(KPI)进行实时性的监控和预警。移动性、智能终端与社会化互联网使企业可以实时获得消费者和竞争者的市场行为,并做出最快的反应。企业营销活动成败的关键在于是否对顾客价值进行准确的研判,但由于当前顾客需求差异化、竞争行为随机化的程度不断增强,以及行业科技发展变革速率不断加快,企业实现有效预测已经变得越发困难,然而,大数据的出现和推广逐渐使精确预测成为可能。

大数据的"大",并不是简单的指数据绝对数量的宏大,还包括处理数据模式的"大",即尽可能地收集全面和综合的数据,同时使用多种数据方法进行建模分析,充分挖掘数据背后的相关关系,从而预测未来事件发生的概率。

大数据时代是一场革命,庞大的数据资源使得管理开启量化的进程,而运用数据驱动决策是大数据下营销决策的重要特点。以往研究表明,企业运用数据驱动决策的水平越高,其市场与财务绩效表现越好。可见,大数据通过强化数据化洞察力,从海量数据挖掘和分析中窥得市场总体现状与发展趋势,从而能够帮助提升其营销活动的预见性。大数据环境下,如何将企业的市场数据与会计、财务及资本市场数据结合起来,确立市场业绩和公司财务绩效的相关性和因果关系,对企业如何最优安排营销投资和策略具有重大的意义。

（二）大数据增加全面预算的弹性

借助大数据技术与全面预算管理平台，进行行业背景、企业竞争能力、企业隐性资产、产品价值、自身财务状况的评估，以广泛、准确、及时的数据为企业提供智能决策和验证，全面预算管理向前瞻性战略决策转型。就制订全面预算的方法而言，滚动预算作为动态的预算管理方法，是随着预算期的不断进展，进而不断修改预测的结果，以指导最新的决策来达到制订目标的预算方法。由于其编制期限的灵活性，能够规避定期预算的僵化性、不变性和割裂性等缺点，逐步成为预算管理的主要手段。传统的滚动预算编制应用的方法，都是基于对内部生产经营资料及以前预算期间的市场经营数据进行数据分析和判断，预测未来报告期的经营数据，这必然导致预算时基于数据的陈旧和保守，同时仅对内部资料进行分析归纳，做出的预算脱离市场变化的决策，反映不出复杂多变的经济形势。通过大数据进行滚动预算编制，分析的基础是海量的市场消费数据，这样可以根据市场对产品和服务的反应，快速对销售和采购进行实时的调整，有效把握市场节奏，树立快速反应的观念。

（三）全面预算制订应注意的问题

一个做不好预算的企业，一定不能成为成功的国际化企业。全面预算管理最重要的是对企业未来经营成长的合理预估和判断。由于环境不确定性和中长期均衡的影响，财务战略管理要求管理者制订长期的企业规划而非仅仅是年度预算。在财务战略管理框架下，战略规划的核心是资源配置，其依据是核心竞争能力能否发挥以及运用的强弱，其评判标准采用一系列明确的财务指标和高于其他战略方案的资本报酬率。与战略规划相比，预算是用财务或非财务术语来表达对未来较短期限企业营运结果的预期，预算目标成为业绩评判的基础。预算是管理控制广泛应用的手段，它必须与企业总体战略和职能相适应，同各个管理层及其特性相配合。预算编制必须体现企业的经营管理目标,并明确责任,在预算执行过程中,应当根据环境变化不断进行调整以使预算更符合实际,并及时或定期反馈预算执行情况。

数据库的存储方式决定了数据库中的财务数据仅仅是财务数据海洋里的结构化数据,而对于非结构化的财务数据,数据库则无能为力。在当前的财务系统中,我们仅能查阅到从原始凭证中"翻译"出的部分财务数据,若想看到财务数据的源头,必须要翻阅原始凭证。而大数据时代,原始凭证也必将实现"数据化",我们可以随意调取和应用"数据化"原始凭证中的数据,必将为企业全面预算管理工作提供巨大便利。

全面预算管理自 20 世纪 20 年代在美国通用电气、杜邦等公司产生之后,很快为很多大型企业所用,对促进现代企业成熟与发展起到了很大的推动作用。目前,大部分企业的预算编制仍然停留在传统方式的初级阶段,很多数据是靠预算编制人员拍脑袋想出来的,数据的真实性及可靠性得不到保障,如很多数据是依据上一年度的预算方案,然后在各个科目上分别增加一定的比例。预算编制的管理者并没有根据实际的数据进行合理的整理分析,也没有在考虑以前年度实际数据与预算数据的基础上,顺应市场环境的变化,制订并实时调整预算方案;由于缺乏信息化管理平台,企业无法及时掌握预算执行状态,只依靠相关工作人员事后检查及调整,难以充分利用数据的时效性;在预算分析环节,多数企业只进行简单的图表分析,分析深度和广度明显不足,无法全面、多角度地对预算执行状况进行合理的分析。在预算控制环节,多数企业缺乏完善的控制体系及信息化控制手段,控制力度和控制效果欠佳。

大数据时代的到来促使企业加强信息化建设,预算信息化管理平台将成为企业全面预算管理的发展趋势,从而改变企业全面预算管理工作。大数据时代强调企业包括财务部门,甚至全体员工都参与到预算的编制、执行、控制、分析过程中。预算化信息平台结合大数据特征,属于动态的业务系统,能随时反映企业预算执行情况及预算分析报告。财务大数据实现跨部门共享职能。

　　预算编制工作人员能全面获得一手数据,及时掌握企业经营状况及战略目标管理效率,便于制订科学的预算短期目标与长期目标。企业通过预算信息化管理平台实时掌握预算执行状况,从而实现预算管理工作事前预测、事中控制、事后调整的职能发挥。

第五章　大数据时代企业财务风险管理与内部控制

财务风险是指企业由于使用负债融资而引起的企业盈余变动。企业借入资本,为的是使利税前(支付利息和缴纳所得税之前)的投资报酬率高于借款利率,能给企业带来额外的税后净利。但是当利税前投资报酬率最后低于借款利率时,由于债务的利息是一项固定的开支,则企业的税后净利将受到额外的损失,这就是所谓的财务风险。在大数据背景下,企业面临着更大风险隐患,而如何利用大数据提供的信息提升企业资源配置、内部控制和管理效率等,是提升其综合实力和竞争力的关键。

第一节　大数据时代企业财务风险管理

一、筹资风险管理

(一)筹资风险的含义

筹资风险是指企业在筹资活动中由于资金供需市场、宏观经济环境的变化或筹资来源结构、币种结构、期限结构等因素而给企业带来的预期结果与实际结果的差异。筹资活动是企业生产经营活动的起点。企业筹集资金的主要目的是扩大生产经营规模,提高经济效益。由于市场行情瞬息万变,企业之间的竞争日益激烈,可能出现投资决策失误、管理措施不当等情形,从而使得筹集资金的使用效益具有很大的不确定性,由此便产生了筹资风险。

通常,企业的筹资风险是由内、外两种因素造成的。内部因素包括企业筹资结构、资金成本高低等;外部因素包括企业经营状况风险、现金及资产流动状况、金融市场及政策调整。内、外因素紧密联系,它们之间相互作用可以一起诱发筹资风险。

(二)筹资风险的类型

从资金来源来看,企业的筹资行为可分为债务筹资、权益筹资和混合筹资。债务筹资包括银行贷款、债券筹资、租赁筹资、商业信用筹资等;权益筹资包括股权筹资和内部留存收益。混合筹资是指同时具有债务筹资和权益筹资特点的筹资方式。传统的财务理论为筹资风险就是债务风险,事实上,企业筹资风险还包括权益筹资风险等其他筹资方式产生的风险。

1. 权益筹资风险

权益筹资风险是企业筹资风险的一大组成部分,不存在还本付息的问题。这部分筹入资金的风险具体表现在两方面,即企业控制权分散的风险和企业资金成本增加的风险。如果企业采用吸收直接投资的方式筹集资金,一般需要付出一定的代价,即投资者常常要求获得与投资数量相适应的经营管理权。如果外部投资者的投资较多,则投资者会有相当大的管理权,甚至会对企业实行完全控制。企业采用发行普通股的方式筹资时,表现为出售新股票,引进新股东,此时就很容易分散企业的控制权。由于企业内部筹集到的自有资金的使用效益存在不确定性,因此决定了其采用内部自有筹集资金的方式具有一定风险。这常常表现为企业资金使用效率低下时,无法满足投资者的投资报酬期望,从而引起企业股票价格下跌,使融资难度加大,最终导致企业资金成本上升等问题。留存收益筹资是指企业将留存收益转化为投资的过程,将企业生产经营所实现的净收益留在企业,而不作为股利分配给股东,其实质为原股东对企业追加投资。留存收益筹资具有三个优点:不发生实际的现金支出;保持企业举债能力;企业的控制权不受影响。留存收益筹资也具有两个缺点:期间限制;需与股利政策权衡成本与收益。

2. 债务筹资风险

在企业债务筹资过程中,受资金供需情况和宏观经济环境等不确定因素的影响,给企业盈利带来损失的可能性,这就是债务筹资风险。这种筹集资金的方式通常有两种风险影响,即企业破产倒闭的风险和企业再融资能力降低的风险。原因在于,不管企业采用的是发行债券、取得长期或短期贷款,还是采用借入资金等方式,都必须按期还本付息。如果不能产生经济效益,企业最终不能按时还债,就很可能造成企业财务陷入不能偿付的恶性循环中,有的还可能导致企业倒闭。另外,如果企业负债过度,则会出现非常重的债务负担,在债务到期时不能按时足额还本付息,这将直接影响到企业信誉。这样一来,结果就不容乐观了,那些金融企业或其他企业就不会再愿意向该企业贷款或借出资金,最终给企业带来的是再融资能力降低的风险。

3. 混合筹资风险

混合筹集资金通常也会给企业带来风险,表现为企业财务负担增加的风险和企业发行成本增加的风险。企业财务负担增加的风险在于,企业若通过发行优先股筹集资金,由于优先股需要支付固定股利,但又不能税前扣除,因此当企业盈余下降时,优先股的股利通常会增加企业的财务负担。企业发行成本增加的风险在于,企业通过发行可转债,虽然可以使其以较高股价出售普通股,但当转股时,如果适逢普通股价格上扬,无疑会增加企业实际的发行成本,这时发行价格远远高于单纯发行债券的价格。

从控制筹资成本的角度考虑,从一般理论上来讲,企业首选的应该是债务筹资方式。但需要注意的是,债务筹资风险要高于权益筹资风险。这主要表现在资金不能按期如数偿还的风险。在债务筹资方式下,借债必须按期如数偿还,资金不能偿还的损失完全是由企业自身来负担的。企业必须想尽一切办法将所借资金按期如数归还,才有可能保证其持续经营下去。权益筹资的情况正好相反,因为它属于一种持续终身的投资,可以永久使用,无须考虑偿还的问题。在实际筹资过程中,企业应在筹资风险和筹资成本之间进行权衡,确定一个最优资本结构,使得筹资的综合资金成本较小的同时,将筹资风险保持在适当的范围内。只有恰当的筹资风险与筹资成本相配比,才能使企业价值最大化,实现长期可持续的良性发展。

二、投资风险管理

(一)投资风险概述

企业的生产和经营活动都存在着风险,投资活动也不例外。

(1)按照分散程度的不同,投资风险分为可分散风险和不可分散风险。

(2)按照投资对象的不同,投资风险可分为金融投资风险和实业资本投资风险。金融投资风险是指影响企业金融投资收益实现的风险,主要体现在企业以金融商品为载体的前提下,在投资过程中投资项目不能达到预期收益。

实业资本投资风险是指与实业资本投资经营活动相关的风险,主要是针对企业内部生产经营有关的投资和对外的合营、合作等实业资本投资过程中可能产生的风险,这种风险可解释为项目投资达不到预期收益的可能性。

(二)投资风险的评估

对已经识别出来的风险要进行严格的测度,估计风险发生的可能性和可能造成的损失,并做出系统风险评估,切实把握投资的风险程度。

1. 分析评价投资环境

投资主体的投资活动都是在政治、经济、政策、地理、技术等投资环境中进行的。变化莫测的投资环境,既可以给投资主体带来一定的投资机会,也可以给投资主体造成一定的投资威胁。而投资机会和投资威胁作为一对矛盾,往往同时出现又同时消失,而且在一定条件下,威胁可能变成机会、机会也可能变成威胁。因此,投资主体在投资活动中必须对投资环境进行认真调查与分析,及时发现和捕捉各种有利的投资机会,尽可能地防范投资风险。

2. 科学预测投资风险

投资作为一项长期的经济行为,要求投资主体在投资之前应该对可能出现的投资风险进行科学预测,分析可能出现的投资风险产生的原因及其后果,并针对可能出现的投资风险及引起风险的原因制订各种防范措施,尽可能地避免投资风险,减少损失,防患于未然。

3. 进行可行性分析,使投资决策科学化

投资决策是制订投资计划和实施投资活动、实现投资正常运行的基础和关键,必须使投资决策科学化。投资决策科学化的关键环节是利用先进的分析手段和科学的预测方法,从技术上和经济上对投资项目进行可行性研究和论证,通过对各种投资机会和方案进行论证,以求获得最佳收益的投资方案,并防范投资风险。

4. 分析投资收益和风险的关系

在市场经济条件下,投资主体的任何投资都免不了会遭受一定的风险。从收益与风险的关系看,投资主体欲获得的投资收益越多,所承担的风险也就越大;而风险越大,获得收益的难度也越大。因此,投资主体在投资中,要认真研究收益与风险的关系,正确衡量自己承担风险的能力,在适当的风险水平上谨慎、稳健地选择投资对象,尽可能避免或降低投资风险。

5. 分析评价投资机会的选择

投资主体在对投资环境进行调查和分析的过程中,往往会发现许多投资机会,但各种投资机会的实现都要以一定数量的资金为保证。因此,投资主体在投资过程中既要考虑投资机会,也要考虑自己的资金实力,量力而行。

6. 分析评价投资风险的结果

投资风险经过分析评价之后,会出现两种情况:一种情况是投资的风险超出了可接受的水平;另一种情况是投资整体风险在可以接受的范围之内。

在第一种情况下,投资主体有两个选择:当项目整体风险大大超过评价基准时,应该立即停止、取消该项目;当项目整体风险超过评价基准不是很多的时候,应该采取挽救措施。在第二种情况下,没有必要更改原有的项目计划,只需要对已经识别出来的风险进行监控,并通过深入调查来寻找没有识别出来的风险即可。对于已经存在的风险要进行严格检查,必要时应采取相应的规避措施,防范风险。

(三)投资风险的控制

1. 投资风险控制的方法

对于投资风险的控制可以采取以下几种方法。

(1)组织结构图分析法

组织结构图分析法适合企业的风险识别,特点是能够反映企业关键任务对企业投资项目的影响。组织结构图主要包括以下内容:企业活动的性质和规模;企业内各部门之间的内在联系和相互依赖程度;企业内部可以分成的独立核算单位,这是对风险做出财务处理决策时所必须考虑的；企业关键人物；企业存在的可能使风险状况恶化的任何弱点。

（2）流程图分析法

流程图能生动、连续地反映一项经济活动的过程，其作用在于找出经济活动的重要部分，即该部分的损失可能导致整个经济活动失败的瓶颈。但流程图分析的局限是只能揭示风险是否存在，不能给出损失的概率和损失的大小。

（3）核对表法

企业在生产经营过程中往往受到很多因素的影响，在做投资和管理决策时，可将企业经历的风险及其形成的因素罗列出来，形成核对表。管理人员在进行决策时，看了核对表就会注意到所要进行的投资项目以及可能具有的风险，从而采取相应的措施。核对表可以包括很多内容。例如，以前项目成功和失败的原因、项目产品和服务说明书、项目的资金筹集状况、项目进行时的宏观和微观环境等。

（4）经验、调查和判断法

企业可以通过主观调查和判断来了解企业可能面临的风险。例如，通过市场调查，收集信息，包括国家的产业政策、企业投资地区的经济状况、人口增长率等。通过德尔菲法反复征求专家的意见，以取得对风险识别的共识。通过专家会议法，要求风险专家召开会议，对企业投资的各种风险进行识别，这种方法适用于衡量投资市场中潜在损失可能发生的程度。

（5）决策树分析法

决策树分析法是一种用图表方式反映投资项目现金流量序列的方法，特别适用于在项目周期内进行多次决策（如追加投资或放弃投资）的情况。

（6）敏感性分析法

敏感性分析法是研究在投资项目的生命周期内，当影响投资的因素（如投资期限、市场利率、宏观经济环境等）发生变化时，投资的现金净流量、内部收益率是如何变化的，以及各个因素对投

第五章　大数据时代企业财务风险管理与内部控制

资的现金净流量、内部收益率等有什么影响,从而使管理人员了解对企业投资影响比较大的因素,识别并控制风险隐患,降低企业的风险。

（7）动态风险监视方法

风险监视技术分为用于监视与产品有关风险的方法和用于监视过程风险的方法。审核检查法和费用偏差分析法属于过程风险监视方法。

2. 投资风险管理的误区与克服方法

在实践中,企业投资的各种误区不胜枚举,以下八种误区较为典型:盲目跟风上项目;一心扩大投资规模;资金投向陌生领域;忽视产品品质;轻信高科技及迷信专家;投资合作伙伴选择不当(合作伙伴太过弱小、合作伙伴太过强大,忽视合作调研,与合作方未达成共识就实施投资);短期借款用错路;过分相信财务报表的作用。在企业投资行为中,受到各种因素影响而导致的投资误区因"企"而异,但这些误区并不是不能克服的。

（1）着眼于未来市场

投资者在制订投资方案时,不盲目跟风,对投资风险需要做好综合衡量及前期准备工作。市场是变幻莫测的,即使是跟风也不能盲目,只有着眼于未来的市场需求,进行有方向性的投资,抓住时机,目光不局限于眼前的市场,才能一投一个准。

（2）控制适度的投资规模

企业投资时,要根据风险与收益的平衡性合理选择适合于企业的投资项目,并控制适度的投资规模。在投资实施时,最好分阶段投入资金,尽量做到不要一次投入过多资金,以合理控制投资风险。

（3）不去投资不懂的生意

当企业投资到跨度过大的行业或领域时,在行业门槛上已存在很大风险。应把钱花在刀刃上,将资金投向自己有优势的项目或自己所熟悉的行业或模式化的经营项目,而不是盲目投向未知行业。

（4）发挥灵活经营机制

企业应把自身生存和发展的基石建立在经营智慧、产品品质和科技水平上，并推进产品的创新投资计划，不断提升企业自身竞争力。同时，投资者要有忧患意识，克服急功近利的短期行为，以企业长远利益为切入点，把投资看成一项系统工程。

（5）细心选择实力相当的合作伙伴

企业要根据自身的经营状况，综合自身的实力选择与自身实力相当的企业合作项目。一方面，企业应考虑双方力量的均衡，这样才不至于丧失自身的"话语权"；另一方面，要让对方和自己付出的努力和责任基本持平，不存在太大差距，从一定程度上降低投资风险。

（6）灵活掌握投资用途

企业财务管理的一个大忌就是将短期借款用于固定资产投资，这样不但加大了企业的投资风险，还会影响企业正常的经营运转。如果企业的流动资金枯竭，就会直接陷入财务和经营的困境。

（7）客观识别报表真伪

企业在投资决策过程中，应客观看待财务报表的作用，以客观的态度分析、甄别财务报表所反映的内容，从而做出正确决策，使企业远离投资风险，获得较好的预期收益。

三、成本风险管理

（一）成本风险的分类

企业成本方面的风险，从管理的角度看分为以下两个方面。

1. 产品成本核算方面的风险或成本信息扭曲风险

企业产品成本核算不正确，会扭曲成本信息，影响甚至误导企业的相关管理决策（如定价决策、产品组合决策等）。成本是费用的对象化。根据不同的管理需要，需要核算不同层次的成本。

第五章　大数据时代企业财务风险管理与内部控制

不少企业的财务主管比较熟悉传统的产品成本核算,而对经营性产品成本和价值链产品成本的核算及其有用性知之甚少。随着我国经济的市场化程度不断提升,企业产品定价的准确性和企业经营成功的相关性越来越高。为了满足企业的定价决策、产品组合策略和战略性的盈利分析的需要,必须正确地核算各层次产品成本,即企业的财务主管们必须高度重视成本信息扭曲的风险管理。

2. 成本上升甚至失控的风险

企业若不能有效地识别成本形成过程中的各种风险(特别是价值链成本的风险),则必不能在日益激烈的市场竞争中取得成功。当前,为了应对全球性的金融危机,世界各国纷纷采用宽松的货币政策和积极的财政政策,大宗商品和原材料价格上涨较快,使得国内企业成本失控的风险加大。企业管理者应突破传统的成本费用管控思路,加强成本预测,抓住关键领域,从战略高度出发,在战略层面、运营层面和控制层面上"多管齐下",来管理成本失控的风险。

(二)成本风险管理的目标

成本费用风险管理的目标是:保证成本费用得到有效控制或者降低,从而最大限度地增加利润,提高企业经济效益。其具体包括:合理、经济地购入或制造商品或产品;使列入利润表的销售成本公允、恰当;保证支出预算的科学性、合理性;保证支出预算得到有效执行;确保每一项费用支出合理,节约费用;正确核算费用支出,确保其真实、准确和完整;费用预算符合财政部、公司相关方面的规定;费用支出符合国家相关法律法规的规定。

生产成本风险管理目标为:(1)经营目标。合理组织生产,优化生产流程,充分利用资源,降低生产成本。(2)财务目标。合理归集、分配、摊提生产成本,保证成本真实、准确和完整。(3)合规目标。符合国家有关法律、法规及公司内部规章制度。

期间费用风险管理目标为：（1）经营目标。确保费用支出合理、节约和有效。（2）财务目标。费用核算真实、准确和完整。（3）合规目标。费用支出符合国家有关法律、法规和公司内部规章制度。

（三）成本风险的识别

关于生产成本风险，国内外大多数企业内部控制手册将其分为以下类型：（1）经营风险。具体包括：成本预算不合理、审核不严，影响成本控制效果；生产损失、消耗加大，增加成本支出；由于人为舞弊、统计资料不真实，导致成本核算信息错误；盲目降低生产成本，导致产品质量下降或产品结构恶化。（2）财务风险。不能合理归集、分配、摊销成本费用，未按要求结转成本，致使财务报表不能真实反映生产成本。（3）合规风险。主要是违反国家有关法律、法规以及公司内部规章制度导致处罚。

关于费用风险，国内外大多数企业内部控制手册将其分为以下类型：（1）经营风险。具体包括：费用支出不合理，导致资源浪费、资产流失；费用控制措施不力，影响公司效益。（2）财务风险。具体包括：舞弊或欺诈，报销虚假费用；费用归集、分配和摊提不合理。（3）合规风险。主要是费用支出不符合国家有关法律、法规和公司内部规章制度，造成损失。

（四）成本管理风险的控制

1. 制订成本费用风险管理制度

（1）成本定额和费用预算制度

就生产环节来讲，制订成本定额和费用预算制度尤其重要。因为成本和费用的节约就意味着盈利的增加，所以越来越多的企业开始关注制订成本定额和进行费用预算。

（2）财产安全控制制度

财产安全控制制度是为了确保企业财产物资的安全、完整所

第五章 大数据时代企业财务风险管理与内部控制

采取的各种方法和措施。就生产环节而言,它是指材料物资应采取永续盘存制与定期不定期的实地盘点相结合的方法,保证材料物资处于账实一致的状态。

(3)人员素质控制制度

具体方法是:考核员工的职业技能,合格者方能上岗工作;建立员工的定期培训制度,以不断提高员工的职业道德素质和技术业务素质;建立奖惩制度,鼓励和激励员工的积极性和责任心等。

(4)成本费用的分析、考核评价制度

每期期末,都要对该期成本费用进行考核评价,以便及时修正,为制订下一期成本费用预算做准备。

2. 成本风险控制的关键环节

(1)生产成本风险控制的关键环节

包括:编制生产计划,下达生产计划,专业部门编制成本费用预算,编制公司成本费用预算,分解成本费用预算,原料采购、领用和组织生产,专业部门建立成本费用统计资料,归集、计算成本费用,计算结转产品生产成本,完工产品入库,成本费用分析。

(2)期间费用风险控制关键环节

具体包括:费用预算分解落实,费用控制,费用核算,费用分析检查,考核奖惩。

(3)生产成本风险控制证据

具体包括:月、季、年生产计划,成本费用预算,材料、动力消耗定额,采购计划,领料计划,领用材料效果评价报告,计划价格表,材料出库单,动力平衡表,物料平衡表,非计划停工分析报告,操作记录,巡检记录,材料领用计划与出库核对表,存货盘点表,辅助生产工时分配表,产品合格证等。

3. 管理报告可靠性风险及其管理

企业内部控制的其中一个主要目标是报告的可靠性。报告的可靠性不仅是指财务报告的可靠性,也包括内部管理信息的可靠性。

管理视角下的成本信息不准确,对某些企业来说,后果并不严重。比如,国内某些企业,产品定价由采购方审批,实行成本加成定价法,若成本算高了,反而对企业有利。但是,对产品或服务的市场化程度较高且竞争激烈的企业来说,产品成本信息不准确,就会给企业的经营与可持续发展带来重大影响,甚至产生致命后果。上述成本信息的不准确,会直接影响甚至误导企业的管理决策,影响企业经营目标的实现。但一些企业对管理视角下成本信息扭曲风险的重视程度远远不够,可以引入作业成本法,提供更准确的管理成本信息。

一些企业对管理报告提供的信息的可靠性重视不够,需要尽快建立起相关的内部控制制度和流程。

第一,树立正确的成本观。许多企业管理者只有传统产品成本的概念,不能根据决策需要进行更多维度的成本计算和分析。例如,假定北京的A企业通过一辆大型运输车将一批产品销售给上海的B企业,发生的过路费、燃油费、车辆折旧费、运输人员的费用等合计20000元(由A企业承担)。车上有甲、乙、丙三种产品,甲产品80个、乙产品10个、丙产品10个。这20000元的费用该不该分摊到产品成本中?如何在三种产品中分担?从财务报告角度看,这部分费用应作为销售费用直接在其间收入中扣除。但从管理视角看,这部分费用应该计算到产品成本中去,否则产品成本就不完全,也会影响到产品的定价和对盈利客户的分析。不能按照传统的分配方法,因为不管是运送10个产品还是100个产品,发生的过路过桥费、车辆折旧费、运输人员的费用都差不多,故正确的成本观对企业的经营决策很重要。

第二,建立健全管理信息系统。成本信息的收集、处理和加工是企业管理信息系统的一个组成部分,企业在建立和健全管理信息系统时,应注意成本信息系统的改进和完善。可以利用作业成本法,及时提供高质量的成本信息。作业成本法的逻辑是"产品消耗作业,作业消耗资源"。其分配程序是,先将资源按资源动

第五章　大数据时代企业财务风险管理与内部控制

因分配至各作业成本库,再按作业成本动因将作业成本库中的成本分配至产品。对于那些间接制造费用在产品成本所占比例较高的企业,可以考虑采用作业成本法;产品报价难以解释;竞争对手的产品价格显得不可思议的低;很难生产的产品却有较高的利润率;生产经理希望放弃的产品却显得很有利润;客户并不抱怨产品价格的上涨;会计部门为特定产品花费很多时间提供成本信息;某些部门使用自己的成本核算系统;因为财务报告准则的变化而使得产品成本发生变化。

第三,高度重视企业的预算管理工作。企业的经营活动都是在计划和预算的引导下进行的,管理报告的主要内容就是预算执行情况。正确的成本信息是改进和提高预算管理水平所必需的。

4. 成本失控风险管理

企业可以采取有效的措施来管理成本上升的风险。

第一,加强战略成本管理,从企业战略层面取得成本管理上的突破。对某个特定企业来说,成本并不是越低越好,企业的成本设计、核算和管理必须与企业的竞争战略相适应。对一个集团来说,还需要从战略层面上加强成本管理。

第二,从运营层面挖掘降低经营成本的潜力。

第三,基于价值链分析的成本管理。为了满足企业的定价决策、产品组合决策和战略性盈利分析的需要,产品成本中还应该包括整个价值链各环节(设计、开发、生产、营销、配送、服务等)的所有支出。正确理解某一产业的价值链是做好战略成本管理的关键。某一产业的价值链是指从基本原材料的生产或购置到最终用户的产品处置的一系列相互关联的价值活动的集合。价值链成本分析的作用在于通过系统的设计和管理企业内部价值链上各环节的成本和价值,在更好地满足客户需求的前提下,促使企业内部价值链系统的总成本最优。联系价值创造来进行成本管理,对于每一项成本费用,企业管理者都应该提出这样的疑问:是否与创造的价值有关?虽不直接创造价值,但是否必不可少?若这种支出是一种损失,则其是否在合理的范围之内?

四、预算风险管理

企业管理者对待预算的态度可以用"欲罢不能"来形容。如果不编预算,则胸中无数,心里不踏实;如果编制预算,则耗时费力,年终将实际执行情况和预算目标一一对比,大相径庭,预算似乎没有起到什么作用。这一现象本身说明企业预算管理过程中存在很大的风险。

(一)预算风险管理概述

企业的CFO(Chief Finance Officer)大都有这样的深切体会:预算指标下达后,往往支出、费用好落实,收入、利润难实现,也就是"花钱容易挣钱难"。这主要是因为管理者没有充分认识到预算的固有缺陷,没有将企业的战略、业务计划和预算协调好,没有根据企业所处的行业特点、经营策略和管理水平选择适当的预算管理方式,没有正确识别、评估和管理好预算管理各环节的风险,在预算管理中也没有很好地运用现代的、科学的预算管理理念、思想和方法。

"凡事预则立,不预则废。"企业要想取得持续的成功,就必须不断提高规划、计划和预算的能力,不断改进企业的预算管理工作,不断提高预算的执行力。

预算管理是一个持续改进的过程,主要由以下三个环节构成。

(1)预算的编制环节。其包括预算目标的确定,根据预算目标编制、汇总与审批预算。

(2)预算的执行与控制环节。在这一过程中,非常重要的就是预算执行情况的反馈与分析,并根据变化了的环境进行预算的修正与调整。

(3)预算的考核与评价。预算管理的每个环节都存在一些风险,需要设计相应的内部控制程序和流程加强管理。

企业经营既要有规划性,又要有计划性。预算管理就是计划性的一种体现。有了良好的预算管理,企业经营就会在有序的轨道上运行;倘若企业忽视了预算管理,就将处于财务风险之中。

(二)预算风险的识别

识别财务预算风险,主要应识别以下风险。

(1)识别财务预算编制风险。具体包括:编制的预算脱离实际;财务预算未经有效审批。

(2)识别财务预算执行风险。具体包括:未形成全方位的财务预算执行责任体系;未将年度预算细分为月份和季度预算,以分期预算控制确保年度财务预算目标的实现;对于预算内的资金拨付,未按照授权审批程序执行;各预算执行单位未定期报告财务预算的执行情况。

(3)识别财务预算调整风险。具体包括:财务预算调整不符合调整条件;财务预算调整未经有效审批;财务预算调整事项偏离企业发展战略和年度财务预算目标。

(4)识别全面预算考评风险。具体包括:财务预算考评未正确评估企业及各单位在预算期的风险水平和经营形势,寻找企业及各单位与同行业的差距及产生的原因,以便采取措施防范风险;财务预算考评结果不公正,影响了员工的积极性。

(三)预算风险的评估

(1)企业应当建立财务预算分析制度,由预算管理委员会定期召开财务预算执行分析会议,全面掌握财务预算的执行情况,研究、落实解决财务预算执行中存在问题的政策措施,纠正财务预算的执行偏差。

(2)开展财务预算执行分析,企业财务管理部门及各预算执行单位应当充分收集有关财务、业务、市场、技术、政策、法律等方面的信息资料,根据不同情况分别采用比率分析、比较分析、因素分析、平衡分析等方法,从定量与定性两个层面充分反映预算执行单位的现状、发展趋势及其对预算执行和完成的影响。针对财务预算的执行偏差,企业财务管理部门及各预算执行单位应当充分、客观地分析偏差产生的原因及其对预算执行的影响,提出相应的解决措施或建议,提交董事会或经理办公室研究决定。[①]

(3)财务预算的差异分析。差异分析的内容主要是在差异责任单位的配合下,或者由差异责任单位主导,对差异进行全面、详细、深入的分析,以确定造成差异的原因:现在的有关管理制度、业务流程规定或操作规定不合理或过于复杂,难以使用;管理人员和员工的工作未遵守有关规定;企业外部环境因素导致。

(4)从企业的角度看,评价财务预算风险可选择的预算指标有:投资报酬率、剩余利润、销售利润率等。

(四)预算风险的控制

财务预算风险管理的具体目标是:规范预算编制、审批、执行、分析与考核;提高预算的科学性和严肃性;促进实现预算目标。

1.预算编制的风险及其管理

(1)预算编制的风险

预算编制环节是预算实施的起点,因此,识别该阶段的主要风险相当重要。预算编制环节包括预算目标设定与下达、预算编制与上报、预算审查与平衡以及预算审议批准等工作。该环节的主要风险如下所述。

第一,企业使命、愿景的陈述过于宽泛或狭窄,缺乏长远的目标与战略规划。例如,一些企业对长远目标的表述是做"国际一流的企业"。

第二,经营战略不明晰,职能战略不配套。例如,某上市公司的经营战略是"资本加技术,发展与合作",这样的经营战略太笼统、太模糊。

[①] 财政部关于印发《关于企业实行财务预算管理的指导意见》的通知[J].中华人民共和国财政部文告,2002(08):30-35.

第五章　大数据时代企业财务风险管理与内部控制

第三,规划(五年、十年)与年度经营计划的联结不够紧密,对企业内部管理、外部环境的分析不够透彻,总部与分支机构在预算目标上"讨价还价",造成年度目标过低或过高,预算目标的可靠性差。

第四,部门内部和部门之间的计划缺乏协调性,容易发生公司资源分配的冲突。例如,销售预算、生产预算不能与资本预算相结合,则可能会使部分有效订单不能实现。

第五,预算指标单一。有些企业的预算指标主要是收入和利润,甚至不编制预计的资产负债表和现金流量表,只编制预计的损益表。

第六,不能根据变化了的情况修正预算"假设"。预算的编制是建立在一系列假设上的,这些假设包括原材料价格、销售价格、员工薪酬、税收和其他政策环境情况等。不少企业在编制下一年的预算时,往往不能及时根据变化的环境及时修正这些假设。

第七,预算编报不及时。有些企业从上年11月、12月就开始编制预算,当年2月、3月才下达预算,待预算下达时,往往时过境迁,为时已晚。

（2）预算编制风险的管理

预算编制风险管理的目标是：企业持续、健康发展；股东、员工合理回报；预算先进、合理。预算编制环节的风险管理主要应侧重于以下方面。

第一,做好企业的使命、远景、战略方向、战略规划、年度业务计划与财务计划(预算)的协调工作与战略方向,确认企业进入某一产业领域的限制条件和战略目标；战略规划是在限制条件下做出的战略决策或大致的行动方案；年度计划与预算则决定着如何实施战略,也就是更为详细的行动计划。

第二,企业预算目标的科学与合理,是预算管理成败的关键。①加强基础数据的采集与管理,使预算目标的确立建立在可靠的基础上。②提高预测的准确性。企业需要及时地分析外部环境变化、竞争对手的经营策略,正确确定企业的销售收入、成本、费用和利润目标。并且,为了提高预测的准确性,预测还需要从整体上进行。整体预测可以避免不切实际的假设,以及内部各指标预测的不协调。

第三,通过对上年经营业绩的分析,根据企业的经营水平、季度变化、行业发展趋势以及成本的可控性等因素,给各部门下达切实可行的目标。预算目标体系应该在短期与长期、财务与非财务、领先与滞后、内部与外部之间取得正确的平衡,否则就会给预算的执行和考核造成隐患。在这方面,可以借鉴平衡计分卡的指标体系。

第四,企业,特别是大型企业应该运用先进的预算管理软件,不断提高预算编制、汇总的自动化程度,以便预算能够及时地上传下达,避免企业的经理们被淹没在海量数据的计算、审核之中,从而影响企业长远规划、经营战略的制订与执行。

第五,企业应当加强对预算编制环节的控制,对编制依据、编制程序、编制方法等做出明确规定,以确保预算编制依据合理、程序适当、方法科学。

第六,企业应当明确预算管理部门和预算编制程序,对预算目标的制订和分解、预算草案编报的流程和方法、预算汇总平衡的原则与要求、预算审批的步骤以及预算下达执行的方式等做出具体规定。

第七,企业年度预算方案应在预算年度开始前编制完毕,经企业最高权力机构批准后,以书面文件形式下达执行。实行滚动预算的企业,其审批程序比照年度预算方案执行。

第八,企业可以选择或综合运用固定预算、弹性预算、零基预算、滚动预算、概率预算等方法编制预算。企业确定预算编制方法,应当遵循经济活动规律,并符合自身经济业务特点、生产经营周期和管理需要。预算编制应当实行全员参与、上下结合、分级编制、逐级汇总、综合平衡。企业预算管理部门应当加强对企业内部预算执行单位预算编制的指导、监督和服务,对预算编制不及时或不符合规定要求的单位,应及时做出报告。

2. 预算执行的风险及其管理

（1）预算执行环节的风险[①]

企业预算的执行环节，具体包括预算执行与控制、预算分析与反馈、预算调整等。该环节的主要风险如下所述。

第一，各责任中心控制重点不明确。

第二，不能正确地核算产品成本，造成产品定价错误，影响了企业产品的竞争力或盈利目标的实现。

第三，预算分析报告缺乏历史的、基本的业务数据，缺乏行业数据，缺乏与竞争对手的比较，对业务数据的分析不够深入，不能揭示经营中存在的风险，不能对经营策略改变的财务后果进行评估。

第四，不能根据外部环境和市场变化适时调整业务计划与预算，从而造成企业资源的错误配置，或不按规定的程序随意调整预算。

第五，预算执行与控制不力、效果差。表现在企业预算越权审批、重复审批和预算执行随意，从而导致企业全面预算工作无法开展，预算目标难以实现。原因在于：预算指标未细化，导致预算执行没有具体目标可依，预算执行盲目；缺少有效的预算监控、反馈及报告体系，使得执行过程中无监督，事后不能及时反馈与分析；预算的审批权限和程序不清晰或者未严格执行授权审批制度；各责任中心和部门的控制重点不明确，使得全面预算目标难以实现。

（2）预算执行环节的风险管理

财务预算执行控制的目标包括：刚性约束各项经济活动；全面完成企业董事会下达的各项目标；正向激励，奖优罚劣。全面预算的执行主要任务是预算执行、计量实际执行结果、审计计量数据、进行差异分析和编写反馈报告。对于预算执行与控制环节

[①] 杨小舟.企业全面预算的风险管理[J].财务与会计，2009(14):46-48.

的风险管理，企业应重点做好以下工作。

第一，确定企业内部各责任中心预算的控制重点。企业的预算，从内容上看，由销售预算和生产预算构成；从层次上看，包括分支机构的预算和本部职能部门的预算。不少企业将大量的精力放在管理费用和生产成本的控制上，而对销售收入的完成情况及存货、采购成本的控制重视不够。销售收入和存货、采购成本恰恰是大多数企业预算执行情况不好的主要因素。

第二，适应外部环境的变化，正确核算产品成本。不少企业，特别是大型企业，采用材料计划成本和劳动定额的方式来核算企业的产品成本。但市场环境瞬息万变，企业必须及时修订材料的计划价格、消耗定额以及劳动定额，否则就会造成成本核算的严重失真。

第三，将费用控制与价值创造相结合。有些企业犯有"大企业病"，行政建制的观念依然很强，员工出差只能坐火车，老总出差才能坐飞机，不能将费用支出与价值创造统一起来进行考虑；有些企业的职能部门，本来费用预算有结余，支出也可以避免，但在年终突击花钱，以使来年预算宽松。

第四，企业应建立预算执行预警机制，提高预算执行分析报告的质量。预算执行情况的分析报告是控制的基础，也是企业预警机制的重要组成部分。分析报告应该能够反映企业经营战略的实现程度。

第五，关于预算的调整，过于强调预算的刚性或严肃性是一种不理智的行为。如果企业出现以下情况，应及时、主动地调整预算：国家政策法规发生重大变化，致使预算的编制基础不成立，或导致预算与执行结果产生重大偏差；市场环境、经营条件、经营方针发生重大变化，导致预算对实际经营不再适用。

第六，企业应当加强对预算执行环节的控制，对预算指标的分解方式、预算执行责任的建立、重大预算项目的特别关注、预算资金支出的审批要求、预算执行状况的报告与预警机制等做出明确规定，确保预算严格执行。

第五章　大数据时代企业财务风险管理与内部控制

第七,企业应当建立预算执行责任制度,对照已确定的责任指标,定期或不定期地对相关部门及人员的责任指标完成情况进行检查,实施考评。

3. 预算考核的风险及其管理

（1）预算考核环节的风险

预算考核环节的风险主要包括：

第一,预算考核流于形式。比如,有些企业在年终进行预算考核时,当一些分公司和子公司没有全面完成预算目标时,分公司和子公司的经营班子只需要强调一下外部环境的变化、竞争的加剧等客观因素,考核往往就顺利通过。

第二,业绩操纵。近年来,有的预算单位发现预算目标难以完成时,往往会进行业绩操纵。特别是当年预算目标比较单一时,概率会大大增加。业绩操纵的手段很多,包括提前确认收入、延迟必要的费用支出、增加存货等。

第三,仅根据预算执行结果对各预算单位进行业绩评价和相应的激励,考核不全面。有些企业的预算考核,考核指标的定义模糊,不仅不能量化,而且权重过大。例如,有些企业的分支机构,其预算目标完成得很好,应该得到较高的货币或非货币形式的奖励,但总部考核部门往往以管理水平低、企业文化建设差等指标压低对预算单位的业绩评价,从而扭曲了企业的绩效考核。

（2）预算考核环节的风险管理

加强预算考核环节的风险管理的措施包括以下方面。

第一,建立科学的业绩评价制度（绩效考核的多重标准）,妥善解决预算管理中的行为问题。企业的业绩评价一定要与预算的目标体系有良好的协调。这样,预算考核的主要内容就是比较预算目标和实际执行结果,避免考核中的意见分歧和讨价还价。例如,国内某家上市公司在某年末对各子公司进行预算考核时发现,各子公司在预算报告中都认为其完成了预算的主要目标（收入、利润）,但各子公司的财务报表以及集团合并的财务报表却显示巨额亏损。其主要原因就在于预算目标的定义不清晰以及各子公司的业绩操纵。在收入确认上,一些子公司的预算报告中,只要与客户签订了合同、产品已经发出就确认为收入,甚至将一些产品尚未发送到客户手中的订单也全部确认为收入。

第二,明确预算考核的内容。预算考核的内容有两类:预算目标的考核和预算体系运行的考核。预算目标的考核侧重经营的效率和效果,包括收入、利润、资产周转率等财务指标,市场占有率、客户满意度等非财务指标,以及研发、广告宣传、渠道拓展等长期指标。预算体系运行的考核是对企业各预算部门预算管理水平的考核。例如,预算编制的准确性和及时性、预算执行力;预算调整是否按程序进行;预算分析报告的质量等。国内不少企业往往忽视了对预算体系运行的考核,所以虽然年年做预算,但预算管理水平始终提不高。

第三,加强预算考核的严肃性。企业应当建立严格的绩效评价与预算执行考核奖惩制度,坚持公开、公正和透明的原则,对所有预算执行单位和个人进行考核,切实做到有奖有惩、奖惩分明,不断提升预算管理水平。

第四,预算年度终了,财务预算委员会应当向董事会或经理办公室报告财务预算执行情况,并依据财务预算完成情况和财务预算审计情况对预算执行单位进行考核。

第五,企业内部预算执行单位上报的财务预算执行报告,应经本部门、本单位负责人按照内部议事规范审议通过,作为企业进行财务考核的基本依据。

第六,企业财务预算按调整后的预算执行,财务预算完成情况以企业年度财务会计报告为准。

第七,企业财务预算执行考核是企业绩效评价的主要内容,应当结合年度内部经济责任制考核进行,与预算执行单位负责人的奖惩挂钩,并作为企业内部人力资源管理的参考。

第二节 大数据时代企业财务管理的内部控制

一、大数据时代企业内部控制现状

(一)企业内部控制的创新性和突破性

全球知名咨询公司麦肯锡早期提出"大数据时代",从理论意义上来讲,大数据如今在不同领域中得到广泛的应用,大数据具有的特征包括:数据量庞大、价值密度较低、类型复杂,对数据处理的能力提出了较高的需求、进度快、效率高等。在公司发展历程中,大量的资料和数据需要分析和处理,从而无法优化企业内部控制。

第一,转变对内部控制处理系统的操作方法。如今企业深处大数据环境下,对于云计算的不断创新和突破,企业内部数据信息均由专门的计算机数据处理中心进行处理,从实际意义上实现会计电算化,人工系统控制与计算机系统控制相结合,将单一的对人工控制转变成对人和计算机的数据控制。

第二,扩大对计算机数据处理系统的操控范围。由于大数据时代的到来,结合财务工作的变革,内控也增加了新的工作内容。企业建立内控管理解决系统、组建专业团队控制和运行,工作繁杂,致使企业内控的范围逐步扩大,在延续了传统内部控制特点的同时,也要涉及对内控系统安全性的控制,对系统使用权限的控制,对计算机病毒的防卫清除控制,对内控团队的监察控制,以及维护人员的岗位职责控制等。

(二)企业缺乏适应性和发展性

国内企业传统的内部控制大多是为符合监管部门的监督和考核而建立和执行,但无可厚非的是,企业内控系统是根据本企业发展的实际情况而确立的,同时抓住企业生产经营的微弱部分,并制订对于企业而言切实可行的相关规制,严格把持各个经营环节和细节,从而提升企业财务会计工作能力。内控制度触及范围较大。企业可以做到充分涉及企业上下,切实实行企业的长期战略措施,同时更加重视企业的短期经营方针,这是内部控制全局性的体现。

企业内控严重缺乏适应性和发展性,绝大多数的企业在内控制度建立之后便不做变动,不能做到与时俱进、不断创新,没有考虑国家发展的宏观经济政策,更无心观察相关竞争者的发展动向,无法对企业的内部控制制度做出适当且合理的调整,无法制订出具有长期发展能力、能够放眼于未来的企业内控制度。

(三)管理机制有待完善

第一,实现大数据的全面笼盖后,企业内控的着力点从对各级管理层的控制逐步转嫁到对企业财务数据录入和输出至计算机系统的控制、人工处理与计算机处理相结合的控制等新出现的问题上。随着世界百强企业的内控制度的不断变革,我们可以感受到企业内控不再是局限于各级管理者明确自己的岗位职责,保证企业工作顺利实施这么简单。

第二,企业也应建立动态的监督机制,识别和评估风险的机制以及对涵盖企业生产经营全过程的预算控制系统,把握大数据环境给予企业的发展空间,建立健全企业内控发展机制,革新内部管理系统,财务数据保护措施,加强安全措施。

二、大数据背景下促进企业构建有效内控的对策

(一)建设良好信息化内控环境,保证财务数据真实性

在企业内部控制整体目标的指引下,为保证企业战略发展的有序进行,促进经营目标的实现,建立良好的信息化内控环境必不可少。

第五章　大数据时代企业财务风险管理与内部控制

首先,企业应变革公司治理结构,强化董事会监事会的监督作用,增设信息管理部门,与其余内审监督部门协同合作。其次,企业应有针对性地制订多项防控措施,通过建立防火墙装置防止黑客攻击,建立数据修复程序从而防止系统瘫痪数据的消失等。最后,全面分析网络环境,找到企业信息系统的薄弱环节,建立对数据篡改、肆意授权、财务数据被删除等突发事件的应对机制,企业应做到防患于未然,结合其他控制措施,尽力将网络风险降低至企业最佳水平。

(二)建立健全信息化安全管理制度,降低内控风险

为保证企业战略目标的有序推进、财务数据的真实、准确及企业生产经营目标的实现,企业应从以下方面完善信息化安全管理制度,减少其他因素的威胁,降低内控风险。

第一,对企业信息化系统的现行制度进行全面分析,从整体上预估安全风险发生的可能性,从网络攻击者、同行业竞争者以及恶意破坏网络环境者等不同的角度分析企业信息系统的薄弱点,加强保护企业核心机密数据的授权权限。

第二,企业应建立突发风险的应对机制,根据信息化安全风险的不同情况,有针对性地采取防控措施,如针对企业内部管理系统瘫痪的情况,建立系统自动备份和数据修复程序;针对黑客袭击的潜在威胁,设置计算机防火墙装置;针对权限僭越的问题,建立多重准入机制并保证授权修改的唯一性。

第三,完善企业信息化安全性风险,企业应做到预防性控制和发现性控制双管齐下,防患于未然,同时要及时纠正已发生的错误,做到事前预防,事中管理控制,事后完善处理。

(三)设立风险动态监督系统,完善网络内控措施

结合信息化以及企业发展现状,内控监督模式也应有相应的改进,如建立多级动态监督系统,采取从上至下,由内而外的监督理念,管理层对企业总战略目标的制订以及持续监督,内部控

制监督,以及企业可以委托外部审计机构对内部控制制度进行审计,出示审计报告,针对内控的不足进行弥补。在监督和信息沟通方面,企业要发挥其系统和内部网络平台的优势,建立信息共享模式,保证内部网络通畅,推动内控的不断改进。

第六章 大数据时代企业财务管理创新路径

大数据时代,企业财务管理的决策数据和知识获取方式、决策参与者、决策组织和决策技术都发生了巨大改变。财务管理不再拘泥于财务数据,而应"跳出财务看财务",把财务、业务与企业所在的市场环境等综合分析,并提出有洞察力的建议,以实现财务管理价值的提升。在大数据时代,财务管理的目标更加突出战略导向,这就要求企业做出相应的模式创新。

第一节 财务管理战略与模式创新

我们如今所栖居的世界,每一秒所产生的数据都多得惊天动地。一些企业正利用数据大显身手,创造了令人艳羡的竞争优势,但很多企业仅仅在隔靴搔痒,只是随心所欲地对数据稍加探究,根本没有形成任何战略。

事实上,只有那些化腐朽为神奇的企业才能将大数据转化为宝贵见解力,进而蓬勃发展。那些依旧对大数据和数据分析浅尝辄止的企业终将被赶超。那些忽视大数据的企业终将萎靡殆尽。无论是大数据巨头,还是小型家族经营的企业,所有智慧超群的企业都会从数据入手。因此,企业无论大小、无论什么行业,都需要打造出可靠的大数据战略。多数企业要么渴望开始就长驱直入,要么就纠结于不知道从哪里入手。无论你在这个领域中身居何位,都可以从思考大数据战略入手。

一、财务管理与企业战略转变

基于大数据的新型企业管理理念正在迅速发展,这种新理念也将为企业带来新的、更高的商业价值。因此,在企业从注重微观层面转向宏观层面,从以产品为中心的传统管理模式转向基于服务的、能够与其他元素和谐共处的新型管理模式的过程中,财务战略也必须随之而变。其转变方向之一就是要聚焦提升企业组织的附加值,突出以数据为基础的管理模式,不仅实现财务管理战略的更加合理科学化和客观性,更是为了增强企业竞争力和提高企业管理效率。

(一)财会一体化阶段

如同中国历史上封建社会的漫漫长路,这个时期在财务发展史上也是漫长的。大致从新中国成立开始到20世纪70年代末,大约30年的时间,财务与会计并没有那么显著的分离,即所谓的财会一体。事实上,在这个过程中,会计对处于计划经济时期的中国来说是更为重要的。由于国家进行收支的统一管理,算清账就尤为重要,并且还存在一定的政治风险,如果出现问题,会有很严重的后果。

在这个阶段财务管理实际上更多的是服务于内部控制和成本管理。一方面,要保证不出现经济问题,需要针对资金和资产安全投入必要的管理;另一方面,需要从降低成本上获取管理业绩。事实上,在这个阶段,有不少企业的成本管理都还是有可圈可点之处的。

如图6-1所示,在入门阶段,财务管理更多地被视作会计的一个构成分支。

第六章　大数据时代企业财务管理创新路径

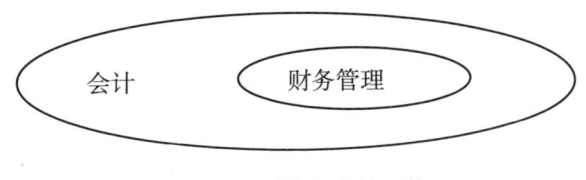

图 6-1　财务与会计一体

（二）专业分离阶段

所谓合久必分，经历了近 30 年的财会一体后，随着改革开放的到来，企业的经营目标发生了很大的改变。随着市场经济得到确立，企业更多地关注于自身的经营结果，也就是怎么赚钱的事情。在这一背景下，财务的地位发生了一些改变，从一个单纯"管家婆"的身份，转变为一个对内能当好家、对外能做参谋的新身份。同时，财务组织也发生了变化，一个典型的特征是在 20 世纪 80 年代的十年中，财务管理作为一门独立的学科被分离出来，而企业中也逐渐完成了财务管理部和会计部的分设。这样的好处是专业的人做专业的事情。在财务管理范畴中也逐步涵盖了越来越多的东西，如预算管理、成本管理、绩效管理等，会计则涵盖了核算、报告、税务等内容。在后期，另一个专业领域也被不少大公司分离出来，即资金管理。你可以看到很多企业在财务管理部和会计部以外都设置了资金部。

从上面的变化可以看到，基于专业的分离趋势在财务组织中开始出现，我们把这个阶段叫作"专业分离阶段"，如图 6-2 所示。

图 6-2　专业分离阶段

（三）中级阶段：战略、专业、共享、业财四分离阶段

从 20 世纪 90 年代开始到大致 2015 年这个阶段，是财务领域快速创新、积极变革的阶段，所以说这个阶段还是很有技术含量的。实际上，战略、专业、共享、业财四分离这个概念最早是咨

询公司从国外引入并流行起来的。笔者对此概念的初次接触来自某咨询公司的一份材料,如图6-3所示,财务组织有两个三角形的变化,左边的正三角形里基础作业比重很大,右边的倒三角形里管理支持比重很大。正是在这种思想的引导下,国内很多企业开展了财务共享服务中心及业财一体化的建设。这两大工程带来的直接影响就是基础作业分离到了财务共享服务中心,业务财务队伍成为财务组织的一个很重要的配置。

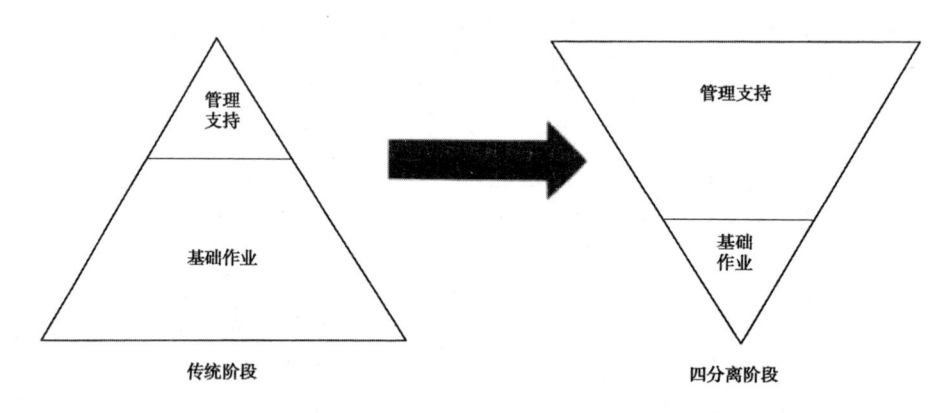

图6-3 传统阶段到四分离阶段的职能转变[1]

在市面上流行的说法中还有一个三分离的概念,这个概念没有将专业财务与战略财务分离,统称为"战略财务"。但根据笔者的管理咨询工作实践,战略财务和专业财务还是有一定的差异性的,分离后更为清晰。战略财务主要聚焦集团或总部的经营分析、考核、预算、成本管理等领域,专业财务则聚焦会计报告、税务、资金等内容。

财务共享是会计运营的大工厂,而业务财务则是承接战略财务和专业财务在业务部门落地的地面部队,如图6-4所示,战略、专业、共享、业财四分离的出现使得财务的格局上升了一个层次。应该说,目前国内大中型企业的财务建设基本上都是按照这种模式来的,并且取得了不错的成效。

---

[1] 董皓.智能时代财务管理[M].北京:电子工业出版社,2018:27.

第六章　大数据时代企业财务管理创新路径

```
┌──────────┐      ┌──────────┐
│  战略财务 │      │  专业财务 │
└──────────┘      └──────────┘
           ☆
┌──────────┐      ┌──────────┐
│  业务财务 │      │  共享财务 │
└──────────┘      └──────────┘
```

图 6-4　战略、专业、共享、业财四分离阶段[①]

（四）高级阶段：外延扩展阶段

高级阶段的财务组织说起来就是发展到一定阶段，闲不住了，就开始"折腾"起来，这也是与当下技术与概念日新月异的社会环境相匹配的。从这个角度来看，财务人并没有想象中的那么保守，反而具有一定的自我突破的决心。高级阶段在前面四分离的基础上进一步扩展了财务工作内涵的外延，笔者称之为"外延扩展阶段"。

到了高级阶段，就需要有一点创新能力了。从 2016 年开始，整个社会的技术进步也在加速，移动互联网到了后期，人工智能开始起步，大数据概念普及，套装软件厂商开始迫不及待地布局云服务。作为财务，仅仅抱着旁观态度显然是不够的。

如图 6-5 所示，在高级阶段，战略财务开始研究如何使用大数据来进行经营分析，有些公司在财务体系中分化出数据管理部或者数据中心。专业财务对管理会计的重视日趋加强，管理会计团队在财务组织中出现独立趋势。业务财务就更加多元化，并且在不同的公司做法也不尽相同，有的公司基于价值链配置业务财务，有的公司则基于渠道配置业务财务。财务共享服务中心在步入成熟期后，开始向深度服务或对外服务转型，如构建企业商旅服务中心、承接服务外包业务、提供数据支持服务等，同时基于机器作业的智能化应用也在财务共享服务中心出现。另一项工作——财务信息化，在财务组织中也日趋重要，少数企业已经成立独立的财务信息化部门。随着智能时代的到来，财务信息化部

---

① 董皓.智能时代财务管理[M].北京：电子工业出版社，2018：27.

门进一步演化出财务智能化团队,负责推动整个财务组织在智能化道路上前行。

图 6-5　外延扩展阶段[1]

二、柔性管理

当然,传统管理的刚性并不局限在科学管理这一个领域,在现实的管理工作中到处都有刚性的影子,如组织中森严的管理层级、制度中可能隐藏的简单粗暴、流程中缺少变通的执行方式、信息系统中难以改变的架构等,这些都无时无刻不在影响着企业的发展。在财务领域,这种刚性的影响同样不可小觑。

当然,我们不能简单地去否定刚性,在过去的管理阶段中,刚性管理有其存在的自身价值。我们要做的是研究这些刚性的度是否合适,是否会过刚而折。如果到了折断的临界点,就应当适当地引入柔性,达到刚柔相济。

那么,柔性管理又是怎样的呢？笔者的理解是,柔性管理和行为科学体系是一脉相承的。霍桑实验是行为科学体系建立的

---

[1] 董皓.智能时代财务管理[M].北京:电子工业出版社,2018:28.

第六章 大数据时代企业财务管理创新路径

重要实验基础,在这个实验中,人们发现员工可能并不是泰勒所假设的"经济人",而是"社会人"。这个观点的转变,彻底将泰勒把人当作机器的管理思想转向了关注人的主观能动性。

同样,柔性管理的概念也不仅仅是关注对人的管理模式的改变,而是体现了一种敏捷、弹性、可扩展的精神,可以广泛地应用在战略管理、组织管理、绩效管理、团队和人员管理、信息系统、流程管理、运营管理等多个方面。"上善若水,水善利万物而不争",姑且把这当作柔性管理的一种境界吧。

安应民在《企业柔性管理——获取竞争优势的工具》中谈到:"从本质上来说,柔性管理是一种对'稳定和变化'同时进行管理的新战略,它以思维方式从线性到非线性的转变为前提,强调管理跳跃和变化、速度和反应、灵敏与弹性,它注重平等和尊重、创造和直觉、主动和企业精神、远见和价值控制,它依据信息共享、虚拟整合、竞争性合作、差异性互补等实现知识由隐到显的转换,为企业创造与获取竞争优势。"

可以看到,这是对柔性管理的一种较为感性的理解。

当我们了解了柔性管理的概念后不禁思考,在智能时代到来的大背景下,财务应当实现怎样的柔性管理呢?如图6-6所示,我们从多个方面来看一看柔性财务管理。

图6-6 柔性管理思维导图 [①]

① 董皓.智能时代财务管理[M].北京:电子工业出版社,2018:31.

谈到财务管理,在非常长的时期内,大家似乎都更愿意使用刚性思维来进行对待。一方面,财务本身在不断进行所谓严谨、管控、规则化的自我暗示;另一方面,财务人员长期以来就生活在各种条条框框里,从准则到各类监管制度,以及发票、单证,环境中充斥着刚性的氛围,可以说是一种过刚的状态。这种状态会逐渐束缚财务人员的创造力,并且在今天商业环境已经改变、商业模式日新月异的情况下渐感难以适应。

大数据时代的到来,释放出要求财务进行自我改变的强烈信号,也给我们创造了一个改变的机会。

(一)柔性的财务组织架构

传统的财务组织通常是层次化的树状组织形式。如图6-7所示,通常在最顶层设有集团财务总监,下设几个专业部门,部门下再设相关科室,到了下属的业务单元或者子公司,又有业务单元或者子公司的总部财务,同样对口集团再设置相应的专业部门,再往下,到了分支机构,有机构大小、设置数量不等的财务相关部门,但具体岗位也是向上匹配的。这种组织配置方式就带有典型的"刚性"。

采用这种组织形式的好处是能够在条线上快速地完成指令的下达,并在某个专业领域产生高效的上下协同。但采用这种模式最大的弊端是横向协作困难,并对变革和创新产生比较大的组织阻力。形象地看,这种模式也被称为"烟囱式"的财务组织架构。此外,还存在另一种刚性。尽管我们说横向协同有问题,但在任何一个层级又有其统一的负责人(CFO或者财务经理),这些横向负责人又会造成跨层级之间的协同出现问题,使得原本垂直的刚性管理又遇到横向的钢板。财务负责人对其横向业务领导紧密的汇报关系更加剧了这种横向钢板带来的阻力。

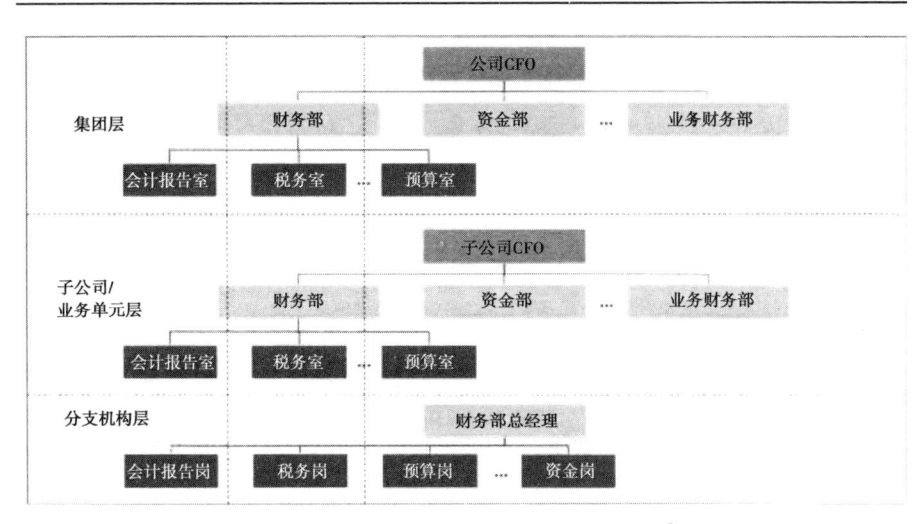

第六章 大数据时代企业财务管理创新路径

图6-7 典型的"刚性"财务组织架构[①]

因此,在组织体系中建立柔性,打破横纵钢板交织的牢笼,将带来更大的管理价值。那么如何打造柔性组织呢?可以针对以下方面展开探讨。

1. 尝试扁平化的组织形态

对于财务来说,往往在一个法人主体上会产生多个管理层级,如链条"CFO—财务各部门总经理—部门副总经理—办公室经理—员工"已经产生了五个管理层级。适度的扁平化可以考虑简化一些层级,从而提升组织的运转效率。每多一个管理层级,就会多一层纵向之间的钢板夹层。从提升效率的角度出发,这种去钢板的变革应当自下而上地进行,应当适度增加中高层的管理跨度。如图6-8所示,在这个例子中,虽然保留了室经理的专业级别和待遇,但员工直接受副总经理管理,从而简化了管理职责,有利于提高整个组织的管理柔性。

---

① 董皓.智能时代财务管理[M].北京:电子工业出版社,2018:32.

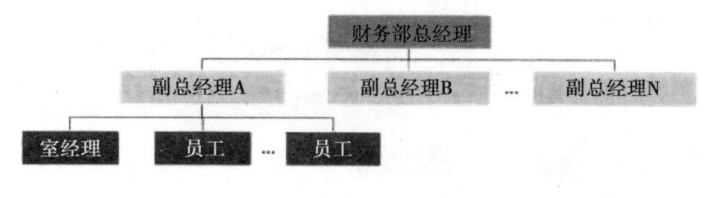

图 6-8　自上而下减少了一个层级后的组织 [①]

2. 创建柔性的财务组织文化

在财务组织的文化建设方面可以考虑引入柔性管理的思想，从而加强团队文化的包容性和灵活性。组织文化大致可以分为团队文化、偶发文化、市场文化和层级文化。

对于传统的财务组织来说，应更多地注重层级文化的建设。这种组织文化往往对稳定性和控制性的要求显著高于对灵活性的要求。这也是与财务组织长期以来的稳健特征相符合的。

但是如上文所说，我们有必要建立适当的组织文化柔性，而团队文化、偶发文化和市场文化都更具有柔性的特征，如图 6-9 所示。可以在财务组织中适当地增加这三种文化的比重。当然，保持必要的层级文化也是符合财务管理特点的。

图 6-9　适合柔性管理的三种组织文化 [②]

（1）团队文化

这种文化类型下的组织类似于一个家庭，团队文化鼓励家庭成员之间相互合作，通过共识和相互传递正向能量，带动组织凝聚力的提升，从而发挥出更好的组织效用。对财务来说，这种文化往往可以在一些关键时刻去建立，如在年报期间、财务系统建设期间都很容易构建起这样的团队文化。

---

① 董皓.智能时代财务管理[M].北京：电子工业出版社，2018：32.
② 董皓.智能时代财务管理[M].北京：电子工业出版社，2018：34.

第六章　大数据时代企业财务管理创新路径

（2）偶发文化

这是一种注重灵活性的冒险文化,强调的是创造力的构建,以及对外部环境变化的快速响应。它鼓励员工尝试使用新方法甚至冒险去完成工作。这种文化在部分财务领域并不适合,如会计核算、报告、税务、资金结算等,这些追求安全性的领域并不能让冒险文化成为主导。但是,在一些需要突破创新的领域,如创新型财务流程和系统的建立、融资等领域还是需要具备一定的创新能力的。因此,偶发文化可以作为财务组织文化的补充。

（3）市场文化

这是一种鼓励内部竞争的文化,它对效益的关注超出了对员工满意度的重视,这种文化形态更像一种商业行为。对于财务领域来说,财务共享服务中心最容易形成这样的文化氛围。适度的市场文化在标准化的财务作业领域能够有效地提高员工的工作效率,但是这也是我们前面所谈到的另一种刚性,不宜过度,否则将在财务共享运营层面造成过于刚性的影响。反而,在非财务共享领域,更需要加强对市场文化的引入,以驱动财务管理人员爆发出更强的战斗力和狼性。

从以上分析可以看到,未来柔性的财务组织文化应当在层级文化的基础上更多地引入团队文化和市场文化,并将偶发文化作为必要的补充,形成丰富、立体的柔性财务组织文化体系。

（二）柔性的财务战略管控

柔性管理在财务领域的另一个应用是财务的战略管控。谈到战略管控,不少公司的做法是通过协商后制订战略目标,但一旦制订后就很少进行动态调整,造成了战略管控的刚性。在预算管理上也存在类似的问题,预算缺乏灵活的调整,难以适应市场环境的变化,带来资源配置的刚性。因此,柔性的财务战略管控可以从绩效目标管理和全面预算管理两个视角来提升其管理柔性。

首先,绩效目标管理。在传统的目标管理中,财务部门主要根据公司战略进行目标设定、下达及跟踪考核。在这个过程中，目标需经过管理层、业务单位以及财务的沟通协商后进行制订，但往往季度、半年甚至全年都不进行调整，同时目标的制订往往只关注于自身进步，以财务目标为中心，可以将这种模式简单地归纳为仅仅和自己比。这是一种带有刚性色彩的目标管理。

在柔性管理思想下，对目标的制订和考核应当更多地关注其他的维度，除了和自己比以外，还需要考虑和市场比以及和竞争对手比。通常，要设置具有挑战性的目标，可以考虑要求业务部门的绩效超出市场的平均水平，并且超出主要竞争对手的水平。当然，这是针对在行业中本身位于第一梯队的公司来说的，不同梯队的财务可以设定差异化的目标，但核心在于视角的打开和柔性化。另外，目标设定后不能一成不变，应当在全年中不断调整，不仅仅是固定时间节点的调整，市场中重大事件的发生、竞争格局或竞争环境的突然改变等都应当触发目标的即时调整。在目标管理上，应当兼顾财务目标与非财务目标，并具有更为主动的战略敏感性。

其次，全面预算管理。传统的全面预算管理往往以年度为周期，基于年度循环来进行资源配置。部分公司将年度预算简单地除以12分配到每个月中。在资源配置的过程中，往往也并不适用于全面的预算编制动因，使得预算编制结果与业务实际缺乏关联性。在预算编制完成后，又较少展开预算调整，使得预算和实际情况的偏离越来越严重。

在柔性管理模式下，资源配置应当具备更加细化的时间颗粒和维度颗粒，充分考虑到不同时间周期内业务经营的实际特点，进行差异化资源配置，同时结合更多的业务实际，向作业预算的方向进行深化和努力。当然，柔性资源配置的背后还有成本和效率的约束。在当前相对刚性的资源配置模式下，很多公司的预算要到3、4月才能完成，并且在编制过程中沟通成本高昂。向柔性管理的进一步迈进可能增加更多的成本。

（三）柔性的财务共享运营

传统的财务共享服务运营模式是典型的以制度为中介，对人的行为和组织的目标进行约束匹配的模式。这种运营模式更多的是一种刚性思维。对于刚性运营来说，需要有稳定、统一以及可以预测的业务需求。同时，在业务加工过程中，以规模经济为基础，进行同类业务的大批量作业，强调统一性和标准化，在作业完成后要进行质量测试。财务共享服务中心的员工仅需完成单一作业，在管理中要求尽量减少工作差异，没有或者很少进行在职培训。

可以看到，刚性运营能够享受规模效应、效率提升带来的成本优势。但在实践中，越来越多的企业管理者对财务共享服务中心的要求在不断提高，他们希望财务共享服务中心能够有更多的灵活性，能够应对更为多样和复杂的业务场景。这本身也是财务共享服务中心的管理者所不断追求的。

如表6-1所示，对柔性运营思维的应用，能够很好地应对日益提高的管理要求。在柔性运营模式下，需求可以具有不确定性、多样性和不可预测性。在运营过程中，柔性运营以范围经济为基础，进行大批量多样化生产，解决差异性和柔性的自动化处理。质量控制方式将从事后测试向前期过程中的质量环境建设和质量控制转变。对员工来说，需要从原来的"一专一能"转变为"一专多能"，当业务需求发生变化时，能够灵活地进行资源调配。

表 6-1 刚性运营与柔性运营的对比

	刚性运营	柔性运营
市场情况	需求的稳定性、统一性和可预测性	需求的不稳定性、多样性和不可预测性
生产过程	以规模经济为基础	以范围经济为基础
	同类产品大批量生产	大规模多样化生产
	统一性和标准化	差异化和柔性自动化
	生产结束后进行质量测试	在生产过程中实施质量控制

续表

	刚性运营	柔性运营
	劳动力完成单一任务	工人完成多种工作，专业化程度高
	减少工作差异，没有或很少在职培训	长期在职培训

（资料来源：安应民，2008）

财务共享服务中心的刚性是与生俱来的，也是不可或缺的，这是其安身立命之本。但财务共享服务中心的管理者必须意识到未来的趋势是刚柔并济，柔性运营的思维和能力已经到了启动建设的时候。直观地说，刚性思维是一套直线式的生产线，而柔性思维模式则允许我们在这条直线上将差异性分流处理，同时允许员工在生产线上进行多流程环节处理，通过组织的柔性、技术的柔性、流程的柔性带来财务运营的多种可能。

（四）柔性的财务信息系统

对于财务管理来说，还有非常重要的一点就是需要将财务信息系统的刚性束缚打破，构建柔性的财务信息系统。

由于中国的信息化发展历程过于迅速，对于很多公司来说，在还没有看明白的时候，技术已经更新，管理又出现了新的要求，财务信息化的建设都是在不断打补丁的过程中完成的。这样的系统建设路径使得多数公司的财务信息系统缺少规划，也根本谈不上柔性。对于这些公司来说，一个很大的问题就在于当业务需求发生改变时，现有的信息系统调整困难，甚至存在大量复杂的后台业务逻辑无人清楚，使得新需求可能带来的影响无人能够清晰评估，并最终导致系统无法改动。

因此，在这种情况下，财务信息系统的刚性是具有极大的危害性的。要改变这种局面，事实上并不容易，需要从以下几个方面共同努力。

首先，改变信息系统建设的观念和节奏，从打补丁的建设方式改变为先做规划和架构设计再开工建设。有些公司在系统建设的前期舍不得投入资金展开规划设计,导致产生高昂的后期返工和维护成本。在柔性管理思路下,建议在系统建设前期充分调研需求,多看市场成熟产品,必要时引入专业人士或者咨询公司来进行架构和需求设计,打好地基的投入看起来是刚性,但最终是给未来带来更多的柔性。

其次,在财务信息系统的架构设计中应当充分考虑产品化的思路。有的公司认为业务没那么复杂,没必要搞所谓的产品化、可配置化,IT人员只要用代码把规则写出来,流程跑通就可以了。但实际情况是,这些公司从一开始就给自己戴上了沉重的刚性枷锁。有不少公司实际上都是在自己也没有想到的情况下快速发展膨胀起来的,这个时候除了推倒重来真的很难找到更好的方法。当然,对于一些初创型公司,如果自身没有充足的资金进行复杂的系统开发和建设,不妨考虑选择第三方产品,甚至是云计算产品,在低成本模式下保留自身的柔性。

对于那些已经带上刚性枷锁的公司来说,这条路已经走得很远了,要想改变并不容易。找到合适的时机,对系统进行一次全面的再造是由刚入柔的可能方式。这种契机往往出现在公司经营业绩很好、能够投入充足预算的时期,如果结合技术的大发展、大进步,则更容易实现柔性管理。

我们在上述内容中讨论了管理的"刚与柔",并探讨了财务需要考虑引入柔性管理思想的五种场景。在大数据时代,适度加强企业的柔性管理能力有益于企业的健康。最佳的境界是做到刚柔并济,发挥刚与柔的和谐之美。

三、大数据时代商业模式创新

大数据时代,在企业的价值链不断延伸的同时,企业应向更符合客户需求的方向发展,企业的盈利一定要依靠为客户提供更多的价值而实现。大数据时代不仅为企业财务战略的执行奠定了客观基础,还促使企业进行商业模式创新,让客户更愿意参与到企业的改变和创新中来,在不断创新中与客户携手享受大数据带来的便利,让企业得到更多的利益,让客户享受到更多的实惠,实现企业的良性循环,让客户的需求得到最大程度的满足。

企业如何利用大数据的优势对商业模式进行创新以获取持久的盈利能力,已成为落实企业既定财务战略的最关键问题之一。

商业模式(Business Model),最早出现在1957年贝尔曼(Bellman)和克拉克(Clark)发表在《运营研究》期刊上的《论多阶段、多局中人商业博弈的构建》一文中,但这个概念当时并未引起学术界的关注。20世纪90年代末期,商业模式成为一个独立的研究领域,2003年以后相关的研究进入高潮期。近年来,商业模式在我国经济学界和管理学界成为研究热点。企业如何利用大数据对商业模式进行创新以获取持久盈利能力,已成为落实企业既定财务战略的最关键问题之一。

(一)大数据给商业模式创新带来的机遇

大数据时代,企业商业模式变革将围绕大数据的获取、存储、分析、使用等过程展开。如何有效开发利用以海量、高速和多样性为特征的大数据,成为企业商业模式变革的关键。在商业模式中利用数据的方式有三种:一是将数据作为一种竞争优势,二是利用数据改进现有的产品和服务,三是将数据作为产品本身。当大数据被正确使用时,企业可对诸多活动产生新的洞察力,发现运营活动中的障碍以促使供应链合理化,并通过更好地理解客户以便开发新的产品、服务和商业模式。在整个行业中,率先使用大数据的企业将会创造新的运营效率、新的收入流、差异化的竞争优势和全新的商业模式。商业模式中涉及企业在市场中与客户、供应商及其他商业合作伙伴之间的商业合作关系,并由此给企业带来盈利机会和盈利空间。随着经济全球化、一体化、信息化、市场化和生态化不断加深,企业传统的商业模式面临着巨大的挑战,企业对商业模式的创新势在必行。

第六章　大数据时代企业财务管理创新路径

只有在市场中为具有不同需求特点的客户提供满足其个性需求的产品和服务，才能够给企业创造更大价值。商业模式创新意味着改变要素内涵及要素间的关系。基于大数据背景，从价值主张、企业界面、客户界面和盈利模式四个方面变革商业模式。结合大数据情境，关键资源和关键活动这两个关键要素具有六大特征，即免费可得数据、客户提供数据、追溯/生成数据、数据聚集、数据分析、数据生成。大数据是一项重大的管理变革，不仅催生了许多基于大数据的新创企业的出现，也动摇了现有企业的价值创造逻辑。

在大数据时代，由于企业生产方式的变化，企业获取利润的条件和空间都随之发生了变化，企业可以近似精确地了解到市场主体的消费需求和习惯，能够预测到客户的需求及其变化，甚至做到比客户更了解他们的需求，将能够促进企业在提供标准化服务的能力和条件基础上创造个性化的新附加值，这是大数据时代企业利润最重要的源泉。新型商业模式如图6-10所示。

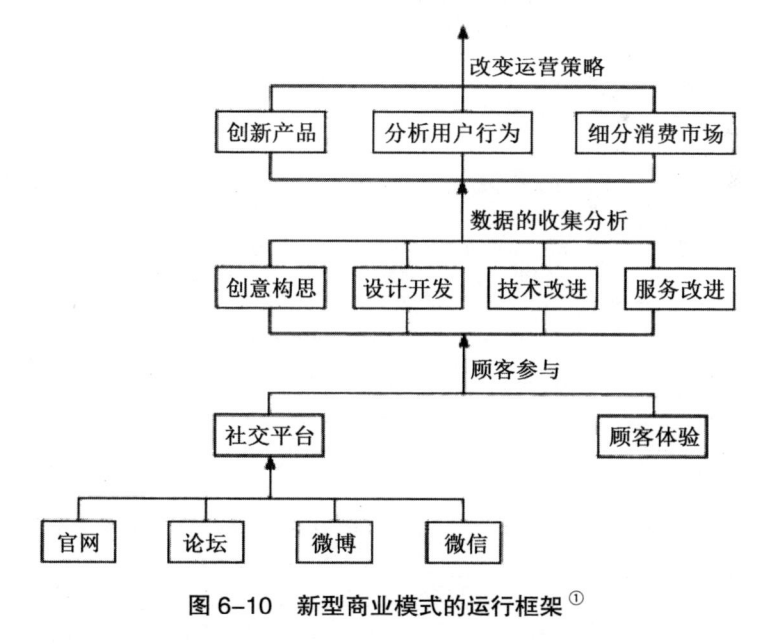

图6-10　新型商业模式的运行框架[①]

---

① 陈志婷，张莉.大数据呼唤顾客参与的商业模式[J].企业研究，2014（17）：22-25.

（二）大数据时代下商业模式创新的特点

大数据背景下商业模式的创新综合来讲有以下两个特点。

一是大数据基础之上的商业模式创新更注重从客户的角度出发看问题，视角更为宽泛，具有着重考虑为客户创造相应价值的特点。同时，商业模式创新即使涉及技术，也多与技术的经济方面因素、与技术所蕴含的经济价值及经济可行性有关，而不是纯粹的技术特点。

二是大数据基础上的商业模式创新更为系统，不受单一因素的影响。它的改变通常是大量数据分析的结果，需要企业做出大的调整，它是一种集成创新，包含公益、产品及组织等多方面的改变和创新，如果是某一方面的创新，则不构成模式创新而是单一方面的技术或其他创新。

基于商业模式和大数据创造的竞争优势如图 6-11 所示。

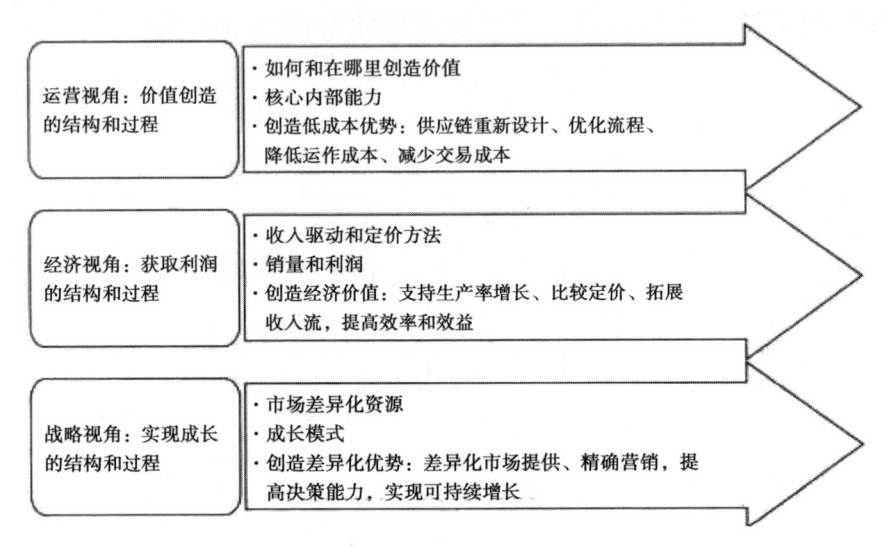

运营视角：价值创造的结构和过程	・如何和在哪里创造价值 ・核心内部能力 ・创造低成本优势：供应链重新设计、优化流程、降低运作成本、减少交易成本
经济视角：获取利润的结构和过程	・收入驱动和定价方法 ・销量和利润 ・创造经济价值：支持生产率增长、比较定价、拓展收入流，提高效率和效益
战略视角：实现成长的结构和过程	・市场差异化资源 ・成长模式 ・创造差异化优势：差异化市场提供、精确营销，提高决策能力，实现可持续增长

图 6-11 基于商业模式和大数据创造的竞争优势的视角[①]

[①] 荆浩．大数据时代商业模式创新研究[J]．科技进步与对策，2014（04）：15-19．

（三）大数据时代的商业模式创新机制

战略决策是战略管理中极为重要的环节，它决定着企业的经营成败，关系到企业的生存和发展。在动态、不确定的环境下快速制订正确的战略决策，确保企业获取竞争优势，仅凭决策者的学识、经验、直觉、判断力、个人偏好等主观行为进行决策是远远不够的，还要依赖大量来自企业外部的数据资源。数据是所有管理决策的基础，基于数据的决策分析能实现对客户的深入了解和企业竞争力的提升。因此，大数据环境下的企业战略决策不仅是一门技术，更是一种全新的商业模式。

在管理实践中利用大数据对商业模式进行分析的过程，就是利用大数据对现有的繁杂信息进行二次处理的过程。产品（或价值主张）、目标客户、供应链（或伙伴关系）以及成本与收益模式是商业模式的核心构成要素。针对商业模式中的市场提供、企业、客户和盈利模式四个界面，其创新框架机理是从价值和战略两个维度思量的。在价值维度，商业模式的创新就是企业对自身所处的价值系统的不同环节直接的调整或者整合。大数据能够对价值发现、价值实现、价值创造三个阶段产生直接的影响，从而引发商业模式创新。

商业模式是战略的具体反映，战略是商业模式的组成部分，商业模式和企业战略形成互补关系。企业战略是商业模式的具体实施，其阐释了商业模式应用市场的方式，以此区别竞争对手。利用大数据技术可以对现有数据进行重组和整合，根据大数据的实际运用价值，对企业的战略及其价值系统进行改造调整。

第二节 财务管理技术与方法创新

大数据时代为企业带来了信息大变革，企业拥有海量的交易数据、运营数据、财务管理数据以及供应商数据等，在这些数据中隐含着难以计算的信息资源。因此,大数据时代利用大数据分析对企业发展起到越来越重要的作用,同时对企业财务管理技术与方法的创新也有一定的引导作用。在当前激烈的市场竞争下,企业的财务数据成为企业竞争所掌控的重要资源,大数据时代的变革,为财务管理技术和方法的创新提供了必要的平台。通过大数据时代的财务管理技术与方法的创新,可以时时追踪企业的最新状态,为客户量身定做针对性强的个性化方案,实时接收客户对企业的评价,并及时针对企业的问题进行优化改良,使企业在健康的内外部环境下,灵活调配财务资源,使企业在市场竞争中创造更多的机遇,带来更大的商业价值。

一、大数据时代预算管理创新

大数据时代,企业通过搭建先进的硬件平台,利用云计算的强大分析能力,随时监控企业管理过程的执行情况,及时了解企业的最新状态,找到企业目前的薄弱点,有针对性地制订改进计划,将预算应用于最需要的地方,以调整企业战略部署。

(一)大数据时代全面预算管理创新

1. 提供可靠数据基础,创新预算管理模式

互联网引发企业商业模式的转变,销售预测也由原来的样本模式转变为全数据模式。随着网络技术的发展,非结构化数据的数量日趋增多,在销售预测中仅根据以往销售数据的统计分析只能反映顾客过去的购买情况,难以准确预测其未来的购买动向,因此企业如果能将网络上用户的大量评论搜集到数据仓库,再使用数据挖掘技术提取有用信息,就能对下一代产品进行有针对性的改进,也有助于企业做出更具前瞻性的销售预测。

在预算管理方面,大数据可以为建立在大量历史数据和模型基础上的全面预算的合理编制和适时执行控制,以及超越预算管

第六章　大数据时代企业财务管理创新路径

理提供重要的依据。在实施责任成本财务的企业,成本中心、利润中心和投资中心根据大数据仓库的数据和挖掘技术编制责任预算,确定实际中心数据和相关市场数据,通过实际数据与预算数据的比较,进行各中心的业绩分析与考核。大数据有助于作业成本管理的优化。由于作业成本法能对成本进行更精确的计算,但其复杂的操作和成本动因的难以确定使得作业成本法一直没有得到很好的普及。大数据时代数据挖掘技术的回归分析、分类分析等方法能帮助财务人员确定成本动因,区分增值作业和非增值作业,有利于采取措施消除非增值作业,优化企业价值链。

2. 针对差异化市场,实施精准智能预算

大数据时代,企业根据消费者和企业策略的数据,利用商务智能新技术,开发出各种决策支持系统,从而对市场关键业绩指标进行实时性的监控和预警。移动性、智能终端与社会化互联网使企业可以实时获得消费者和竞争者的市场行为,并做出最快的反应。企业营销活动成败的关键在于是否对顾客价值进行准确的研发和判断,但由于当前顾客需求差异化、竞争行为随机化的程度不断增强,以及行业科技发展变革速率不断加快,企业实现有效预测已经变得越发困难,然而大数据时代的深入,逐渐使精确预测成为可能。大数据时代是一场革命,庞大的数据资源使管理开启量化的进程,而运用数据驱动决策是大数据时代营销决策的重要特点。事实证明,企业运用大数据时代的大数据驱动决策的水平越高,其市场与财务绩效表现越好。可见,大数据时代通过强化数据化洞察力,从海量数据挖掘和分析中窥得市场总体现状与发展趋势,帮助企业提升营销活动的预见性。因此,大数据时代,将市场数据与财务及资本市场数据相结合,确立市场业绩和公司财务绩效的相关性和因果关系,对企业安排最优营销投资和策略具有重大现实意义。

(二)大数据时代的滚动预算与弹性预算管理创新

借助大数据技术与全面预算管理平台进行行业背景、企业竞争能力、企业隐性资产、产品价值、自身财务状况的评估,以广泛、准确、及时的数据为企业提供智能决策和验证,全面预算管理向前瞻性战略决策转型。对于制订全面预算的方法而言,滚动预算作为动态的预算管理方法,是随着预算期的不断进展,进而不断修改预测的结果以指导最新的决策来达到制订目标的预算方法。由于其编制期限的灵活性,能够规避定期预算的僵化性、不变性和割裂性等缺点,逐步成为预算管理的主要手段。

传统的滚动预算编制应用的方法都是基于对内部生产经营资料及以前预算期间的市场经营数据进行分析和判断,预测未来报告期的经营数据,这必然导致预算数据的陈旧和保守,同时仅对内部资料进行分析归纳,做出的预算脱离市场变化决策,反映不出复杂多变的经济形势。通过大数据时代的技术进行滚动预算编制,分析的基础是海量的市场消费数据,这样可以根据市场对产品和服务的反应,快速对销售和采购进行实时的调整,有效把握市场节奏,树立快速反应的观念。

二、大数据时代筹资方式集群创新

大数据时代的筹资,其数量和质量成为企业首先要关注的两个基本因素,也是最重要的方面。企业在保证资金量充足的同时,要保证资金来源的稳定和持续,同时尽可能地降低资金筹集的成本。这一环节因降低筹资成本和控制筹资风险成为主要任务。根据总的企业发展战略,合理拓展筹资渠道、提供最佳的资金进行资源配置、综合计算筹资方式的最佳搭配组合是这一战略的终极目标。

大数据时代使得企业的筹资与业务经营全面整合,业务经营本身就隐含着财务筹资。大数据与金融行业的结合产生了互联

第六章　大数据时代企业财务管理创新路径

网金融这一产业,从中小企业角度而言,其匹配资金供需效率要远远高于传统金融机构。以阿里金融为例,阿里客户的信用状况、产品质量、投诉情况等数据都在阿里系统中,阿里金融根据阿里平台的大数据与云计算,可以对客户进行风险评级以及违约概率的计算,为优质的小微客户提供信贷服务。

集群供应网络是指各种资源供应链为满足相应主体运行而形成的相互交错、错综复杂的集群网络结构。随着供应链内部技术扩散和运营模式被复制,各条供应链相对独立的局面被打破,供应链为吸收资金、技术、信息以确保市场地位,将在特定产业领域、地理上与相互联系的行为主体(主要是金融机构、政府、研究机构、中介机构等)建立的一种稳定、正式或非正式的协作关系。集群供应网络筹资就是基于集群供应网络关系、多主体建立集团或联盟、合力解决筹资难问题的一种筹资创新模式。其主要方式有集合债券、集群担保筹资、团体贷款和股权联结等,这些方式的资金主要来源于企业外部。大数据可以有效地为风险评估、风险监控等提供信息支持,同时通过海量的物流、商流、信息流、资金流数据挖掘分析,人们能够成功找到大量筹资互补匹配单位,通过供应链金融、担保、互保等方式重新进行信用分配,并产生信用增级,从而降低筹资风险。

从本质上讲,大数据与集群筹资为筹资企业提供了信用附加,该过程是将集群内非正式(无合约约束)或正式(有合约约束)资本转化为商业信用,然后进一步转化成银行信用甚至国家信用的过程。大数据中蕴含的海量软信息颠覆了金融行业赖以生存的信息不对称格局,传统金融发展格局很可能被颠覆。例如,英国一家叫 Wonga 的商务网站就利用海量的数据挖掘算法来做信贷。它运用社交媒体和其他网络工具大量挖掘客户碎片信息,然后关联、交叉信用分析,预测违约风险,将外部协同环境有效地转化成为金融资本。在国内,阿里巴巴的创新则是颠覆性的。它将大数据充分利用于小微企业和创业者的金融服务上,依托淘宝、天猫平台汇集的商流、信息流、资金流等一手信息开展征信,而不再依靠传统客户经理搜寻各种第三方资料所做的转述性评审,实现的是一种场景性评审。阿里巴巴运用互联网化、批量化、海量化的大数据来做金融服务,颠覆了传统金融以资金为核心的经营模式,并且在效率、真实性、参考价值方面比传统金融机构更高。大数据主要是为征信及贷后监控提供了一种有效的解决途径,使原来信用可行性差的高效益业务(如高科技小微贷)的征信成本及效率发生了重大变化。但是,金融业作为高度成熟且高风险的行业,有限的成本及效率变化似乎还不足以取得上述颠覆性的成绩。

传统一对一的筹资受企业内部资本的约束,企业虽然有着大量外部协同资本,但由于外部人的信息不对称关系,这部分资本因无法被识别而被忽略,导致了如科技型中小企业的筹资难等问题。通过大数据的"在线"及"动态监测",企业处于集群供应网络中的大量协同环境资本将可识别,可以有效地监测并转化成企业金融资本。阿里巴巴、全球网等金融创新正在基于一种集群协同环境的大数据金融资本挖掘与识别的过程,这实际上是构建了一种全新的集群筹资创新格局。集群式企业关系是企业资本高效运作的体现,大数据发展下的集群筹资创新让群内企业有了更丰富的金融资源保障,并继续激发产业集群强大的生命力和活力,这是一种独特的金融资本协同创新环境。根据大数据来源与使用过程,大数据发展下集群筹资可以总结为三种基本模式,分别是"自组织型"的大数据集群筹资模式、"链主约束型"的大数据集群筹资模式以及"多核协作型"的大数据集群筹资模式。阿里巴巴、Lending Club 代表的是"自组织型"模式;平安银行大力发展的大数据"供应链金融"体现的是"链主约束型"模式;而由众多金融机构相互外包的开放式征信的"全球网",正好是"多核协作型"模式的代表。

三、大数据时代财务报告创新

财务报告是企业财务的最终产品,通过财务报告能够有效地

第六章　大数据时代企业财务管理创新路径

获取企业的财务状况、经营成果、现金流量、股东权益变动等信息,帮助信息使用者做出正确的决策。随着大数据时代的深入,很多企业转型发展、改革和重组,大大提高了经营效益,改变了经营模式,因此传统的财务报告难以满足快速变化的企业财务信息的需求。目前,企业应该认识到大数据时代传统财务报告受到的重大挑战,必须深化改革传统财务报告模式,重新审视财务报告的内容和流程,构建一种全新的适应大数据时代发展的财务报告模式。

(一)大数据时代传统财务报告模式面临的挑战

传统的财务报告模式采用的是分期报告模式,分为年报和中报,以"四表一注"为主干,其中"四表"主要是指资产负债表、利润表、现金流量表和股东权益变动表,"一注"指的是财务报表附注。该种报告模式能够对资产、负债、利润和现金流量等财务信息进行确认并有效地反映经济信息,发挥其监督作用。但是,随着大数据时代的到来,人们对于财务信息的需求发生了重大变化,传统的财务报告模式受到巨大冲击。

1. 网络空间财务主体的多元化和不确定性

在大数据时代,出现了大量的网络公司或者运用互联网平台重新构建产业链的企业,在网络空间,企业经营业务灵活多变,因此网络里的虚拟公司业务随时产生,但随着业务的完成,虚拟公司也能随时消灭,传统财务报告模式基于持续经营的假设,无法适应这种快速短暂的经营活动,使得传统的财务报告不能适应大数据时代的经济发展需求。

2. 大数据时代企业的周期变化

传统的财务报告基于企业持续经营的基础,但是互联网不仅加快了信息传播的速度,还缩短了企业的生产周期,加剧了企业经营活动的风险。在此种情况下,企业的利益相关者需要及时了解企业的相关经营状况,随时掌握有助于他们做出决策的信息,因此传统的基于财务分期而进行的定期编制的财务报表无法跟上时代的发展要求。

3. 大数据时代财务信息的范围变化

随着互联网技术的发展，人类进入网络经济时代，信息使用者们需要获取企业更多的信息，但由于传统财务报告模式单一地使用货币计量下的财务信息，无法满足时代发展的需要。信息使用者期待通过财务报告获取更多有利的信息，既包括货币信息，也包括非货币信息，为他们的决策提供重要的参考意义，如企业外部环境、企业人力信息、企业地理环境等。

因此，大数据时代的财务报告需要改善计量手段，扩充财务报告的信息容量，不断增加非货币信息，为信息使用者们提供更加全面系统的财务信息。

4. 大数据时代财务信息的及时性要求

财务的价值基于信息用户能及时获得财务信息的假设，如果财务信息获取不及时，那么财务信息也就没有价值可言。传统的财务报告模式主要是以中报、年报的形式提供财务信息，因此信息披露呈现间断性。在互联网时代，企业经营互动连续性不断增强，网络空间的经济交易更加容易产生，因此交易活动的不断产生也促使财务信息连续不断地产生。随着互联网技术的发展，传统财务信息的及时性遭受严重的打击，无法满足信息用户的需求。

（二）大数据时代财务报告创新路径

1. 建设网上实时财务报告系统

在大数据时代，财务信息的集成难度不断增大。因此，企业应通过建设网上实时财务报告系统，建立企业的财务信息门户、财务信息中心、财务报表平台，实现财务信息的及时性、全面性、

第六章 大数据时代企业财务管理创新路径

多样性,同时实现信息分析的便利性,并及时进行财务信息记录、更新等。网上实时财务报告系统的构建思路如图6-12所示。

2. 构建交互式按需财务报告模式

在大数据时代,信息使用者的需求呈现多样化和共同性特征,通过网络系统构建交互式按需财务报告模式能够实现多种信息需求。交互式按需报告模式是向决策者适时地提供已按需编制好的或可按需加工的财务信息,旨在通过提供按需求编制的财务报告来满足不同使用者多样化的信息需求。交互式按需财务报告模式具备大数据时代下的灵活性特征,通过建设数据库和建立模块化的财务会计程序,通过报告生成器和系统反馈渠道,能够实现信息使用者和财务报告单位之间双向、快速、直接的沟通,共同完成实时报告,信息使用者主动积极地为报告单位提出改进报告系统的对策,能有效地改善信息不对称的状况。

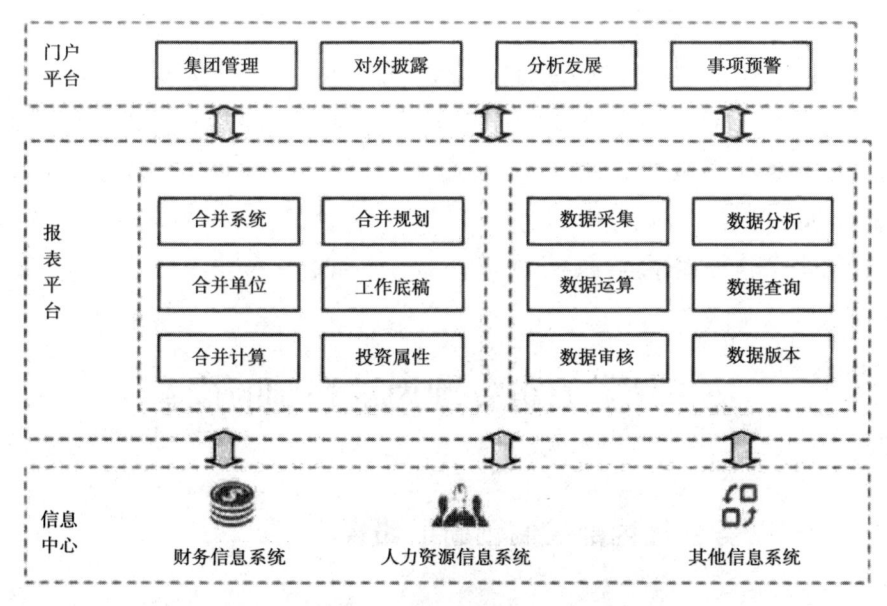

图6-12 网上实时财务报告系统的构建思路[①]

---

① 李克红."互联网+"时代财务管理创新研究[M].北京:首都经济贸易大学出版社,2018:188.

3.加强网络财务报告模式中的风险防控

在大数据时代,企业通过建立财务信息系统,实现财务报告实施系统,共享财务信息资源,实现交互式按需财务报告模式,但网络财务报告在网络空间的风险不可避免,如财务信息的泄密和网上黑客的攻击等。因此,企业应该注重网络财务报告模式中的风险防控,不断提高网络财务信息系统的安全防范能力。企业可以建立用户身份验证及权限管理控制制度、系统管理多重控制制度、业务申请处理流程控制制度、预算管理流程控制制度、内控制度实施情况的审计和检查制度等,适时采用防火墙技术、网络防毒、信息加密存储通信、身份认证、数字签名技术、隧道技术等措施进行风险防控。

总之,互联网在财务报告制度中发挥的作用日益凸显,更多的财务管理软件运用到企业财务管理之中,加速了财务报告模式的深度改革和创新。

大数据时代,传统的财务报告模式将逐渐消失,网络化的财务报告模式应运而生。因此,财务人员对于新的财务报告模式的掌握和驾驭需要形成终身学习理念,主动学习新型的财务报告编制技能,构建计算机和财务知识相互融合的知识体系,以满足大数据时代的财务报告模式需求。

第三节 财务管理内部控制的创新

一、财务会计内部控制创新的路径

完善的财务会计内部控制体系是企业资产安全和真实的保障,有效的财务管理能够提高企业的市场竞争力,促进企业经营战略目标的实现。企业的经济发展核心围绕着资产和信息资料开展,虽然大部分企业的管理人员能够认识到企业财务管理及内部控制机制对于企业经济效益的好坏有着直接影响,认识到只有良性的财务会计工作循环才能使企业经济效益得以提高、保障企业的长期发展,却并没有实际落实好此项工作。

(一)企业会计的财务管理及内部控制机制

会计财务工作是企业内部控制的重点,完善的企业会计财务管理及内部控制机制应当受制于控制原理、方针和流程,从而保障企业日常经营管理活动的有序进行。会计财务管理与内部控制将直接影响企业的发展情况。因此,企业应当立足于自身需求,从实际情况出发,开展有效的财务管理工作。这样不仅能够保障企业取得最大化的经济效益,还能够摆脱生产经营活动的制约,尽可能地规避财务问题出现。

(二)应重视企业会计的财务管理及内部控制机制的有效性

资金是企业经济效益的直观体现。随着经济改革的发展,越来越多的人选择自主创业,有限的资源、短缺的人力成为企业创业初期的代名词,为了整合资源,有些企业会将财务管理工作与其他岗位工作合二为一,但是这种行为会造成企业运作的混乱,信息衔接不紧密,无法确保资金的正常流动,表面看似是在为公司节约资源,实则会造成不必要的资金浪费,阻碍企业的生存与发展。为了确保企业日常经营活动的顺利开展,使企业的资源得到充分的利用,降低经营成本,应当重视管理工作的有效性,使得企业的经营活动通过真实准确的会计信息得以持续稳步增长,企业才能据此进行科学的决策,也才能促进企业健康持续的发展。

二、改善企业财务会计内部控制机制的创新措施

(一)以科学创新为奠基,正确认识管理控制制度的重要性

正确的管理理念是引导企业平稳发展的主要因素,企业管理人员不仅要以身作则遵守企业的规章制度,还应根据企业实际情

况,不断完善和优化企业财务管理及内部控制机制,督促财务管理人员严格按照制度对企业经济行为进行监督和检查,在潜移默化中让大家意识到管理控制制度对企业良性发展的重要性,确保企业能够获得最大化的经济效益。

（二）加强管理财务审核工作

企业的发展是企业生存的价值体现,也是企业所不断追求的目标。为了营造一个良好的企业条件以供生产经营活动能够顺利开展,必须要不断加强企业财务审核的管理工作,使财务管理与企业日常工作相融合,环环相扣,及时发现并解决财务工作中的不足之处。有效的财务审核不仅仅是发挥杜绝徇私舞弊造成经济损失的作用,还应该要发挥预警作用,时刻警示提醒工作人员要客观正直,让各岗位工作人员能够明确自己的职责和权限。这样一方面可以为企业创造机遇和条件,提高企业的市场竞争力;另一方面也使得企业的财务管理水平得以提升。

（三）加强培养财会人员的综合素养

企业应当经常组织财会人员学习培训,以巩固和更新财会人员的专业技能和综合素养,使他们能够在更高效地完成本职工作的同时,还能够利用专业为企业创造更多的价值。比如说,企业可以针对自身需求,与当地高校合作,针对性地培养适合本企业发展的专业财会人员,经过考核后,择优录取,这样不仅能够满足企业的需求、解决学生就业问题,也能够使学生更快更好地适应现代企业的发展要求。再者,薪资待遇是促进员工积极工作的原动力,如果他们消极地对待工作,那么十有八九是对薪资待遇不满。企业管理人员在不违背企业原则的情况下,可以适当地设置奖惩措施,奖励工作态度认真积极负责的员工,惩罚消极不负责任的员工,这样不仅能够调动员工的工作热情,还能增强他们的工作责任感。

企业的发展必然离不开会计财务管理及内部控制机制的影

响,它对企业的重要性不言而喻,虽然此项工作开展起来并不是那么顺畅,但是机遇与挑战是并存的。对企业财务管理和内部控制方面的工作越重视,企业就越能及时地发现问题并做出正确的调整,这对企业的持续、长远发展也是一种规范性的保障。

第七章 大数据时代企业财务管理的发展趋势

大数据时代的财务组织正在由战略、专业、共享、业财的四分离模式向外延扩展的智能化高级阶段进化。在这一进化过程中,财务组织在发生着积极的自我变革。从刚性管理向柔性管理的进化,让财务组织面对快速变化的业务环境有了更佳的应对能力。财务智能化团队的诞生,让大数据时代的财务管理拥有一战之力。面对快速迭代的智能商业,财务组织也必须具备创新的知识与能力,大数据时代需要人人成为首席财务创新官。

第一节 大数据可视化

将满是数字和文字的财务指标分析结果展示给非专业人士时,得到的可能只是他们呆滞的眼神和懵懂的表情;然而,当使用图形向他们展示相同的信息时,他们往往会兴致盎然,甚至豁然开朗。所以,财务大数据的可视化是其重要的一个发展趋势。

通常,通过看图才得以发现数据的模式(Schema)或检查出数据中的异常值。这些数据模式和异常值都是进行更为正式的统计分析所遗漏的,这就是可视化的效果,也是人脑最易接受数据的一种方式。图表在数据分析中的作用是非常明显的,掌握绘图方法是进行数据分析的必备技能。作为财经数据分析专家,必须要通过可视化效果来展现。常用函数主要分为高级绘图函数和低级绘图函数,辅助一些图形文字添加和图形展示效果改变的基本命令。

一、大数据可视化概述

在大数据时代,人们不仅处理着海量的数据,同时还要对这些海量数据进行加工、传播、分析和分享。当前,实现这些形式最好的方法就是大数据可视化。大数据可视化让数据变得更加可信、直观和具有美感。它就像文学家写出诗歌般美妙的文字,为不同的用户讲述各种各样的故事。

(一)数据可视化与大数据可视化

数据可视化是关于数据的视觉表现形式的科学技术研究。其中,这种数据的视觉表现形式被定义为一种以某种概要形式抽提出来的信息,包括相应信息单位的各种属性和变量。

人们常见的那些柱状图、饼状图、直方图、散点图、折线图等都是最基本的统计图表,也是数据可视化最常见和基础的应用。因为这些原始统计图表只能呈现数据的基本统计信息,所以当面对复杂或大规模结构化、半结构化和非结构化数据时,数据可视化的设计与编码就要复杂得多。

因此,大数据可视化可以理解为数据量更加庞大、结构更加复杂的数据可视化。大数据可视化侧重于发现数据中蕴含的规律特征,表现形式也多种多样。所以,在数据海量增加的背景下,大数据可视化将推动大数据技术更为广泛的应用。

(二)大数据可视化的表达

从大数据可视化呈现形式来划分,大数据可视化的表达主要有下面几个方面。

1. 数据的可视化

数据的可视化的核心是对原始数据采用什么样的可视化元素来表达。图7-1呈现的是中国电信区域人群检测系统,图中利用柱状图显示年龄的分布情况,利用饼图显示性别的分布情况。

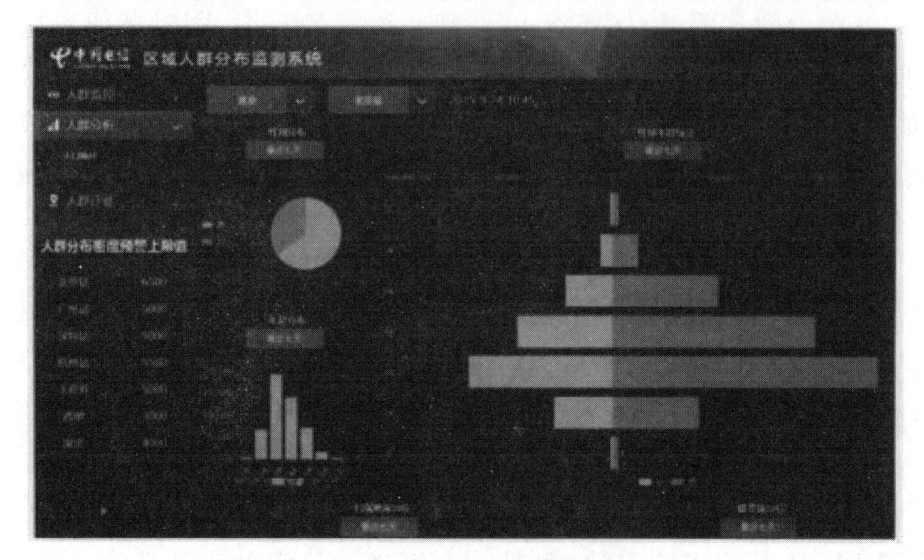

图7-1 中国电信区域人群检测系统[①]

2. 指标的可视化

在大数据可视化过程中,采用可视化元素的方式将指标可视化,会将可视化的效果增彩很多。

(1)图形的最基础构成

任何一幅图形都是由以下这些最基础的图形元素构成的,R语言是一个惊艳的图形构建平台。这里特意使用了"构建"一词,是因为在通常的交互式会话中,可以通过逐条输入语句构建图形,逐渐完善图形特征,直至得到想要的效果。

· 点(points)。

· 线(lines,abline,segments,arrows)。

---

① 汪刚.财会与商业大数据可视化智能分析[M].北京:清华大学出版社,2019.

第七章 大数据时代企业财务管理的发展趋势

·多边形(rect,polygon,box)。

·颜色(colors)。

·文本(text)。

·图例(legend)。

(2)绘图函数分类

第一,高级绘图函数(High-level Plotting Functions):创建一个新的图形。

在高级绘图函数(如 hist/boxplot/plot 等)中直接指定,进行临时性参数设置,如下述常用的图表类型。

可视化也可以作为数据集进行探索性数据分析的初步工具,详细解释如下(括号中为 R 语言绘图函数)。

·条形图(Barplot)。用于分类数据。条图的高度可以是频数或频率,图的形状看起来是一样,但是刻度不一样。R 画条形图的命令是 barplot( )。对数值型数据作条形图,需先对原始数据分组,否则做出的不是分类数据的条形图。

·直方图(Hist)、点图(Dotchart)、茎叶图(Stem)。直方图用于表示(描述)连续型变量的频数分布,实际应用中常用于考察变量的分布是否服从某种分布类型,如正态分布。图形以矩形的面积表示各组段的频数(或频率),各矩形的面积总和为总频数(或等于1)。R 里用来作直方图的函数是 hist( ),也可以用频率作直方图,在 R 里作频率直方图很简单,只要把 probability 参数设置为 T 就可以了,默认为 F。茎叶图(Stem)用于观察数值型分布的形状。由于绘制直方图时需要先对数据进行分组汇总,因此对样本量较小的情形,直方图会损失一部分信息,此时可以使用茎叶图来进行更精确的描述。茎叶图的形状与功能和直方图非常相似,但它是一种文本化的图形。R 里作茎叶图用函数 stem( )。

·箱线图(Boxplot)。给出数值型分布的汇总数据,适用于不同分布的比较和拖尾、截尾、分布的识别。箱线图是由一个箱子和两根引线构成,可分为垂直型和水平型,下端引线(垂直型)或左端引线(水平型)表示数据的最小值;箱子的下端(垂直型)或左端(水平型)表示 1/4 分位数;箱子中间的线表示中位数;箱子上端(垂直型)或右端(水平型)表示 3/4 分位数;上端引线(垂直型)或右端引线(水平型)表示最大值。

箱线图和直方图一样都是用于考察连续变量的分布情况,但它的功能和直方图并不重叠,直方图侧重于对一个连续变量的分布情况进行详细考察,而箱线图更注重于勾勒出统计的主要信息(最小值、1/4 分位数、中位数、3/4 分位数和最大值),并且便于对多个连续变量同时考察,或者对一个变量分组进行考察,在使用上要比直方图更为灵活,用途也更为广泛。

在 R 里作箱线图的函数是 boxplot( ),而且可以设置垂直型和水平型,默认是垂直型,要得到水平型函数,只需要 horizontal =T。

> boxplot(ms $ math)

> boxplot(ms $ math, horizontal = T)

·正态概率图(Qnorm)。用于观察数据是否近似地服从正态分布。

·密度图(Density)。用于观察数据时态分布。

hist(faithful $ eruptions, prob =T, breaks = 25)

lines(density(faithful $ eruptions), col = fred)

第二,低级绘图函数(Low-level Plotting Functions):在现有的图形上添加元素。

通过 par( )函数进行全局性参数设置,我们可以通过修改图形参数的选项来自定义一幅图形的多个特征,以这种方式设定的参数值除非被再次修改,否则将在会话结束前一直有效。其调用命令格式为:

par

(optionname = value, optionname = name, …)

par( )

查看当前绘图参数设置

opar< -par( )

保存当前设置

第七章 大数据时代企业财务管理的发展趋势

par(col.lab="red")
# 设置坐标轴标签为红色
hist(mtcars $ mpg)
# 利用新的参数绘图
par(opar)
# 恢复绘图参数的原始设置

第三,绘图参数(Graphical Parameters):提供了丰富的绘图选项,可以使用函数par()修改。R的常用绘图参数(字体、颜色、坐标轴、标题、图例),可以通过高级绘图参数和低级绘图参数对指定绘图参数进行设定和修改。

3. 数据关系的可视化

数据关系往往也是可视化数据核心表达的主题宗旨。图7-2是对自然科学领域1431种杂志的文章之间的217 287个相互引用关系网络的聚类可视化结果。所有1431个节点被分割聚合为54个模块,每个模块节点是一个聚类,而模块的大小则对应聚类中原来节点的数目。

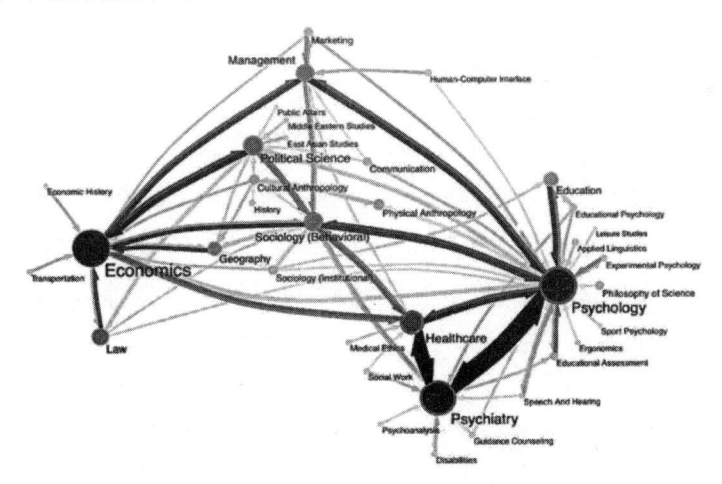

图7-2 对自然科学领域1431种杂志相互引用关系网络的聚类可视化[1]

---

[1] 汪刚.财会与商业大数据可视化智能分析[M].北京:清华大学出版社,2019.

4. 背景数据的可视化

很多时候光有原始数据是不够的,因为数据没有价值,信息才有价值。设计师马特·罗宾森和汤姆·维格勒沃斯用不同的圆珠笔和字体写 Sample 这个单词。因为不同字体使用墨水量不同,所以每支笔所剩的墨水也不同。于是就产生了这幅很有趣的图(图 7-3)。在这幅图中不再需要标注坐标系,因为不同的笔及其墨水含量已经包含了这个信息。

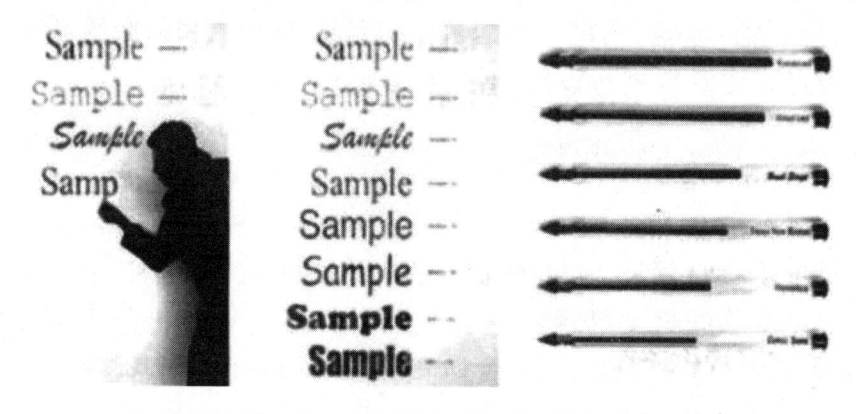

图 7-3 马特·罗宾森和汤姆·维格勒沃斯的字体测量[①]

5. 转换成便于接受的形式

大数据可视化完成基本功能后可能还需要优化。优化包括按照人的接受模式、习惯和能力,甚至还需要考虑显示设备的能力,然后进行综合改进,这样才能更好地达到被接受的效果,如布局、颜色、图标、标注、线型,甚至动画的时间、过渡等方面,从而让人们更直观地理解和接受。

二、数据可视化的功能

从应用的角度来看数据可视化有多个目标:有效地呈现重要特征、揭示数据的客观规律、辅助理解事物概念、对测量进行质

[①] 汪刚.财会与商业大数据可视化智能分析[M].北京:清华大学出版社,2019.

量监控等。从宏观的角度分析,数据可视化有下面三个功能。

（一）记录信息

将大规模的数据记录下来,最有效的方式就是将信息成像或采用草图记载。不仅如此,可视化呈现还能激发人的洞察力,帮助验证科学假设。20世纪的三大发现之一——DNA分子结构就起源于对DNA结构的X射线衍射照片的分析,如图7-4所示。图7-4（a）是DNA的B形51号X射线衍射照片,图7-4（b）是DNA的X射线衍射照片与双螺旋结构的晶体学解释。从图像的形状确定DNA是双螺旋结构,同时两条骨架是反平行方向的且骨架在螺旋的外侧等这些重要的科学发现。

(a) DNA的B形51号X射线衍射照片　　(b) 双螺旋结构的晶体学解释

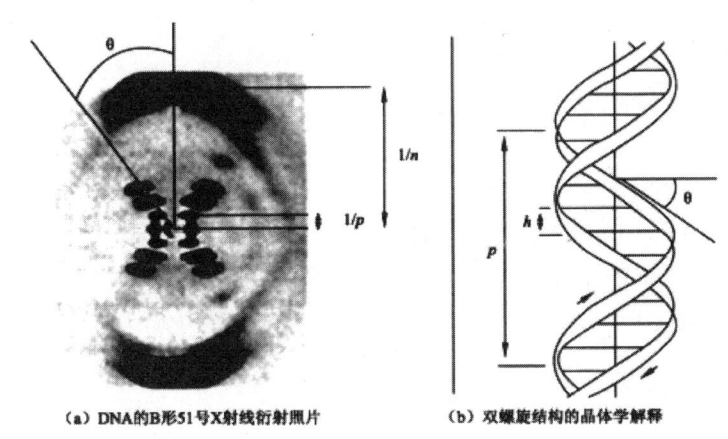

图7-4　DNA的分子结构

（二）信息分析与推理

将信息以可视化的方式呈现给用户,使得用户可以从可视化结果分析和推理出有效的信息,提高认识信息的效率。数据可视化在对上下文的理解和数据推理方面有独到的作用。19世纪欧洲霍乱大流行的时候,英国医生John Snow绘制了一张伦敦的街区地图如图7-5所示,该图标记了每个水井的位置和霍乱致死的病例地点。该图清晰显示有73个病例集中分布在布拉德街的水井附近,这就是著名的伦敦鬼图。在拆除布拉德街水井摇把之后不久,霍乱就平息了。

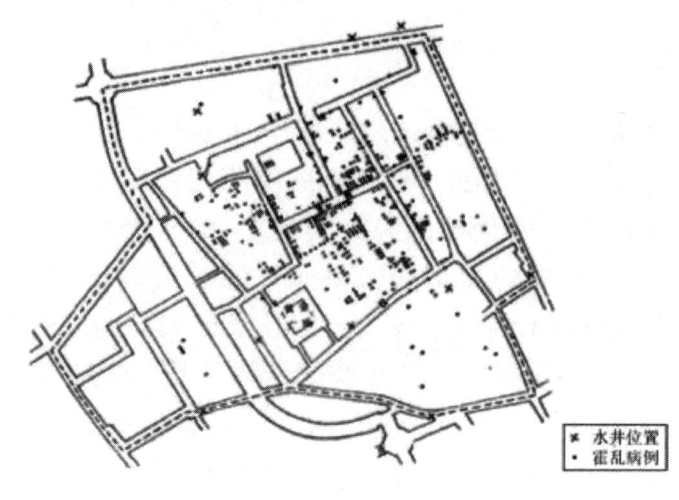

图 7-5　伦敦街区地图

（三）信息传播与协同

视觉感知是人类最主要的信息通道,人靠视觉获取了 70% 以上的信息。俗话说"一图胜千言"或"百闻不如一见"就是这个意思。将复杂信息传播与发布给公众的最有效途径就是将数据进行可视化,达到信息共享、信息协作、信息修正和信息过滤等目的。

三、企业财务大数据可视化的案例分析[①]

这里以海信电器的财务报表数据为基础,进行财务可视化分析。

（一）海信电器案例数据

1. 公司简介

海信电器（股票代码 600060）公司,全称"青岛海信电器股

---

① 此处案例图片引自：汪刚.财会与商业大数据可视化智能分析[M].北京：清华大学出版社，2019.

份有限公司"。1996年12月23日,青岛市经济体制改革委员会青体改发(1996)129号文件批准原青岛海信电器公司作为发起人,采用募集方式,组建股份有限公司。公司于1997年3月17日经中国证券监督管理委员会批准,首次向社会公众发行人民币普通股7000万股。其中,6300万股社会公众股于1997年4月22日在上海证券交易所上市,700万股公司职工股于同年10月22日上市。

2018年7月,公司英文名称由"Qingdao Hisense Electric CO., LTD."变更为"Qingdao Hisense Electronics Co., Ltd."。

公司的经营范围包括:电视机、平板显示器件、移动电话、电冰箱、电冰柜、洗衣机、热水器、微波炉及洗碗机、电熨斗、电吹风、电炊具等小家电产品;广播电视设备、电子计算机、通信产品、移动通信设备、信息技术产品、家用商用电器和电子产品的研发、制造、销售、服务、维修和回收;非标准设备加工、安装售后服务;自营进出口业务(按外经贸部核准项目经营);生产卫星电视地面广播接收设备;房屋租赁、机械与设备租赁、物业管理;普通货运。

2. 获取并整理海信电器财务报表

打开"新浪财经"网页,搜索"海信电器"股票,注册并登录新浪财经账号。找到"财务数据栏目",即可以下载"海信电器"的三大报表:资产负债表、利润表和现金流量表,如图7-6所示。

将下载的三大报表数据整理到"海信—财务报表.xlsx"文件中。除了资产负债表、利润表和现金流量表之外,又补充了年度、资产负债表分类、现金流量表分类3个维度表。现将工作表介绍如下。

(1)资产负债表

资产负债表数据做了如下整理。

第一,只保留2014—2018年年度报表数据,删除了其他年度、季度数据。

第二,添加了"BS类别1""BS类别2"两列。

第三,删除了原表中所有合计行,合计数通过"BS类别

1”“BS 类别 2”维度进行汇总计算。

整理后的资产负债表如图 7-7 所示。

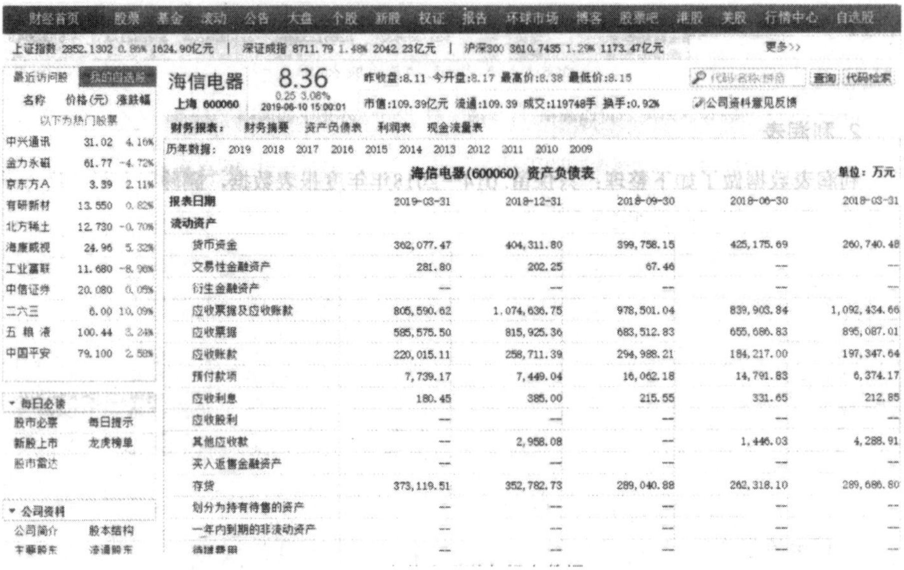

图 7-6　海信电器财务报表数据

	A	B	C	D	E	F	G	H
1	BS类别1	BS类别2	报表项目	2018	2017	2016	2015	2014
2	资产	流动资产	货币资金	4043118024	2794123000	2596277344	3254412295	2981007649
3	资产	流动资产	交易性金融资产	2022500	0	0	0	0
4	资产	流动资产	衍生金融资产	0	0	0	0	0
5	资产	流动资产	应收票据	8159253646	8584803348	8498557752	9598734013	9347764521
6	资产	流动资产	应收账款	2587113901	2348188107	2327347743	2091612041	1742469068
7	资产	流动资产	预付款项	74490449.35	56624948.76	48217239.63	39681312.19	35348724.36
8	资产	流动资产	应收利息	3850002.03	3384000	3380000	4347388.87	5020888.89
9	资产	流动资产	应收股利	0	0	0	0	0
10	资产	流动资产	其他应收款	29580813.45	6239671.96	8257592.12	57348536.53	66623579.62
11	资产	流动资产	买入返售金融资产	0	0	0	0	0
12	资产	流动资产	存货	3527827306	3231045587	3738931825	2800555526	3465052648
13	资产	流动资产	划分为持有待售的资产	0	0	0	0	0
14	资产	流动资产	一年内到期的非流动资产	0	0	0	0	0
15	资产	流动资产	待摊费用	0	0	0	0	0
16	资产	流动资产	待处理流动资产损益	0	0	0	0	0
17	资产	流动资产	其他流动资产	6517559632	5265133980	3110133264	582282173.1	476708584.9

图 7-7　整理后的资产负债表

（2）利润表

利润表数据做了如下整理：只保留 2014—2018 年年度报表数据，删除了其他年度、季度数据。整理后的利润表如图 7-8 所示。

	A	B	C	D	E	F
1	报表项目	2018	2017	2016	2015	2014
2	一、营业总收入	35128278184.00	33008637701.00	31832456027.00	30189986792.00	29007069216.00
3	营业收入	35128278184.00	33008637701.00	31832456027.00	30189986792.00	29007069216.00
4	二、营业总成本	35070546239.00	32314113545.00	30043887429.00	28721379110.00	27633011089.00
5	营业成本	29967929256.00	28504724934.00	26553850208.00	25049972421.00	24123948961.00
6	营业税金及附加	210417191.70	204518912.40	180360699.40	105960457.10	103602196.20
7	销售费用	2954129624.00	2276409104.00	2251858457.00	2684140514.00	2549084150.00
8	管理费用	576645797.40	1159287335.00	969834232.40	835355635.90	819188497.70
9	财务费用	89928565.44	110913195.10	-24533799.54	-6423424.45	-43135729.36
10	资产减值损失	77801027.32	58260064.84	112517631.80	52373506.74	80323012.85

图 7-8　整理后的利润表

（3）现金流量表

现金流量表数据做了如下整理。

第一，只保留 2014—2018 年年度报表数据，删除了其他年度、季度数据。

第二，添加了“CF 类别 1”“CF 类别 2”两列。

整理后的现金流量表如图 7-9 所示。

	A	B	C	D	E	F	G	H
1	CF类别1	CF类别2	报表项目	2018	2017	2016	2015	2014
2	经营活动	现金流入	销售商品、提供劳务收到的现金	37226322738	34796581149	33730918144	30611778677	28655471921
3	经营活动	现金流入	收到的税费返还	418400701.4	354259830.5	290432374.8	129454912	162086124.3
4	经营活动	现金流入	收到的其他与经营活动有关的现金	545182059.1	485278601.6	525177025.5	547547669.7	796914608.6
5	经营活动	现金流出	购买商品、接受劳务支付的现金	31557085736	28287430255	27055534855	25294412833	23139039863
6	经营活动	现金流出	支付给职工以及为职工支付的现金	2502257343	2040826296	1897159315	1772757413	1733585359
7	经营活动	现金流出	支付的各项税费	952863071.9	897789312.2	1122515906	1300073900	1632508807
8	经营活动	现金流出	支付的其他与经营活动有关的现金	3264837388	2041809189	2000882761	1816207754	2154836150
9	其他	其他	经营活动现金流出小计	38277043539	33267855052	32076092837	30183451899	28659970180
10	其他	其他	经营活动产生的现金流量净额	-87138040.21	2368264529	2470434707	1105329360	954502474.7
11	投资活动	现金流入	收回投资所收到的现金	16357000000	10356800000	3078239318	644902000	500000000

图 7-9　整理后的现金流量表

（4）年度

年度、资产负债表分类、现金流量表分类都属于维度表，可以在 Excel 表中添加，也可以在 Power BI 的编辑查询中添加。添加的年度表如图 7-10 所示。

（5）资产负债表分类

添加的资产负债表分类如图 7-11 所示。

	A
1	年度
2	2014
3	2015
4	2016
5	2017
6	2018

图 7-10　添加的年度表

	A	B
1	BS类别1	BS类别2
2	资产	流动资产
3	资产	非流动资产
4	负债	流动负债
5	负债	非流动负债
6	所有者权益	所有者权益

图 7-11　添加的资产负债表分类

（6）现金流量表分类

添加的现金流量表分类如图7-12所示。

	A	B
1	CF类别1	CF类别2
2	经营活动	现金流入
3	经营活动	现金流出
4	投资活动	现金流入
5	投资活动	现金流出
6	筹资活动	现金流入
7	筹资活动	现金流出
8	其他	其他

图7-12　添加的现金流量表分类

3. 海信电器案例模型

以下数据来源于新浪财经"海信电器"股票的财务报表数据。

【案例数据】

案例数据\第8章\海信.财务报表.初始.pbix

本案例有4个维度表和3个事实表。维度表分别是年度、资产负债表分类、现金流量表分类和利润表索引；事实表分别是资产负债表、利润表和现金流量表。

导入的资产负债表在编辑查询中，选中前三列，即"BS类别1""BS类别2""报表项目"列，对其他列逆透视，结果如图7-13所示。利润表和现金流量表操作类似。

BS类别1	BS类别2	报表项目	年度	金额	索引
资产	非流动资产	持有至到期投资	2017	0	1
资产	非流动资产	持有至到期投资	2016	0	1
资产	非流动资产	持有至到期投资	2018	0	1
资产	非流动资产	持有至到期投资	2015	0	1
资产	非流动资产	持有至到期投资	2014	0	1
资产	流动资产	存货	2018	3527827306	1
资产	流动资产	存货	2017	3231045587	1
资产	流动资产	存货	2016	3738931825	1
资产	流动资产	存货	2015	2800555526	1

图7-13　资产负债表编辑查询

第七章　大数据时代企业财务管理的发展趋势

利润表索引是新建的查询，目的是在利润表数据可视化时仍按利润表顺序显示。新建利润表索引后，将逆透视的利润表和利润表索引两张表建立合并查询，结果如图7-14所示。

报表项目	年度	金额	排序
一、营业总收入	2018	35128278184	1
一、营业总收入	2017	33008637701	1
一、营业总收入	2016	31832456027	1
一、营业总收入	2015	30189986792	1
一、营业总收入	2014	29007069216	1
营业收入	2018	35128278184	2
营业收入	2017	33008637701	2
营业收入	2016	31832456027	2

图7-14　利润表编辑查询

本案例关系模型如图7-15所示。

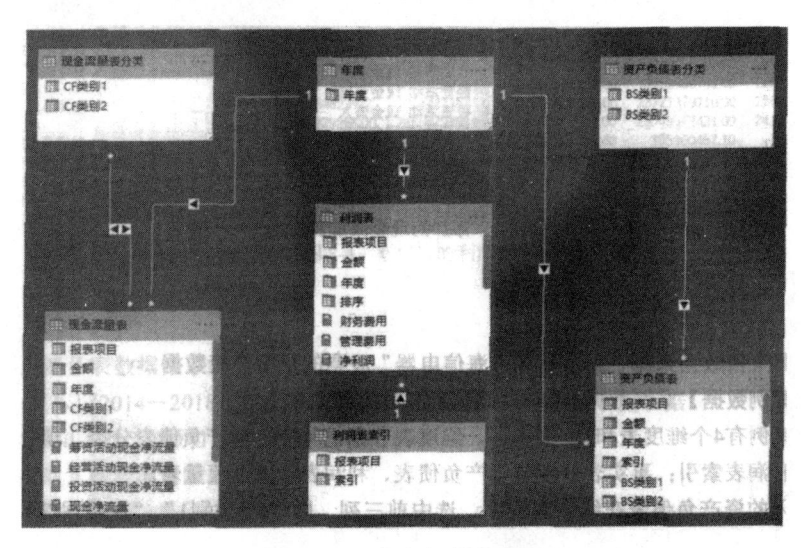

图7-15　本案例关系模型

（二）资产负债表可视化

1. 可视化总览

资产负债表也称"财务状况表"，反映企业在某一特定时点

（通常为各会计期末）的财务状况（即资产、负债和业主权益的状况）的会计报表。

资产负债表可视化总览如图 7-16 所示。

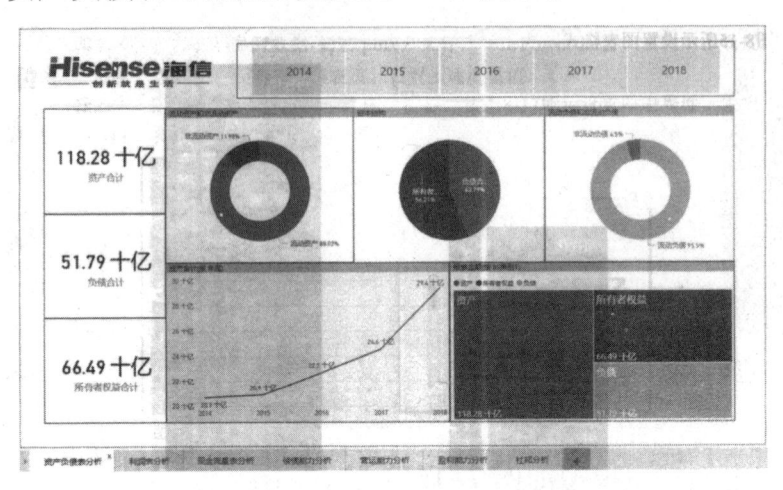

图 7-16 资产负债表可视化总览

2. 插入公司 Logo

公司 Logo 通常代表了公司的品牌形象。一般情况下，在报表左上角放置公司 Logo，以增加可视化图表的辨识度。

【案例实现】

步骤 1：打开"海信—案例数据—初始.pbix"文件，单击 Power BI 窗口左侧的报表视图 图标，新建"资产负债表分析"报表页。

步骤 2：执行"主页→图像"命令，插入"案例数据\第 8 章\海信公司 logo.png"图片，如图 7-17 所示。

图 7-17 插入海信公司 Logo

3. 插入切片器

将维度表"年度"数据设置成切片器,通过不同年度的筛选,显示相应年度的相应数据。

【案例实现】

步骤1:打开"海信—案例数据—初始.pbix"文件,单击Power BI窗口左侧的报表视图 图标,选择"资产负债表分析"报表页。

步骤2:单击"可视化"下的"切片器"图标,按图7-18所示设置图表属性,按图7-19所示设置图表格式。

图7-18 设置图表属性   图7-19 设置图表格式

步骤3:生成的图表如图7-20所示。

图7-20 生成的图表

4. 插入卡片图

本表页中,通过卡片图显示资产合计、负债合计、所有者权益合计 3 个关键数据。设置如下度量值。
- 报表金额 =SUM（'资产负债表'[金额]）
- 资产合计 =CALCULATE（'资产负债表'[报表金额],'资产负债表'[BS 类别 1]=" 资产 "）
- 负债合计 =CALCULATE（'资产负债表'[报表金额],'资产负债表'[BS 类别 1]=" 负债 "）
- 所有者权益合计 =CALCULATE（'资产负债表'[报表金额],'资产负债表'[BS 类别 1]=" 所有者权益 "）

【案例实现】

步骤 1：打开"海信—案例数据—初始.Pbix"文件，单击 Power BI 窗口左侧的报表视图 图标，选择"资产负债表分析"报表页。设置上述度量值。

步骤 2：单击"可视化"下的"卡片图"图标，按图 7-21 所示设置图表属性，生成卡片图如图 7-22 所示。

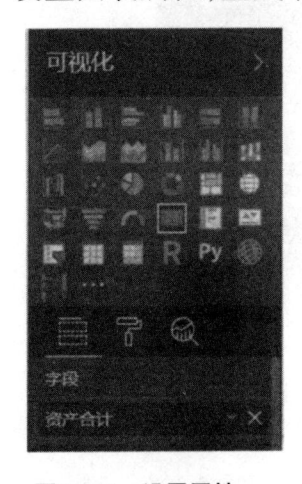

图 7-21　设置属性　　　　　图 7-22　卡片图

步骤 3：同理，设置"负债合计""所有者权益合计"卡片图。

5. 插入圆环图

本表页中，通过圆环图反映流动资产与非流动资产、流动负债与非流动负债的比例关系。

第七章 大数据时代企业财务管理的发展趋势

【案例实现】

步骤1：打开"海信—案例数据—初始.pbix"文件，单击Power BI 窗口左侧的报表视图 📊 图标，选择"资产负债表分析"报表页。

步骤2：单击"可视化"下的"圆环图"图标，按图7-23所示设置图表属性，按图7-24所示设置筛选器。

步骤3：生成圆环图如图7-25所示。同理，设置"流动负债与非流动负债"圆环图。

图 7-23　设置属性　　　图 7-24　设置筛选器

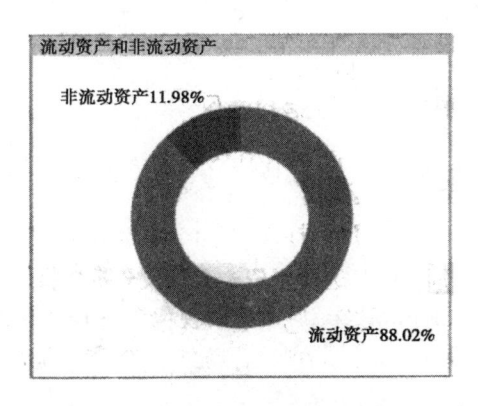

图 7-25　圆环图

6. 插入饼图

本表页中,通过饼图反映资本结构负债与所有者权益的比例关系。

【案例实现】

步骤1:打开"海信—案例数据—初始.pbix"文件,单击Power BI窗口左侧的报表视图 图标,选择"资产负债表分析"报表页。

步骤2:单击"可视化"下的"饼图"图标,按图7-26所示设置图表属性,生成饼图如图7-27所示。

图7-26 设置属性

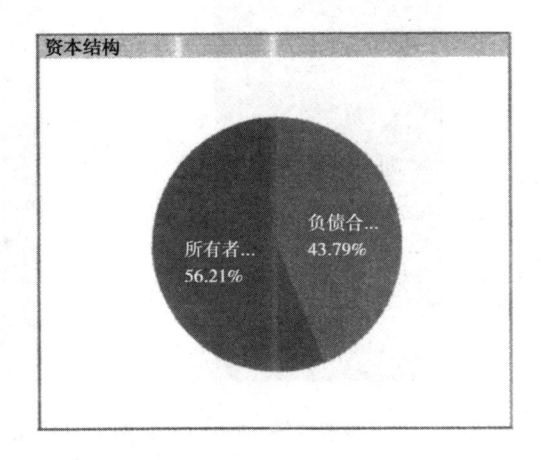

图7-27 饼图

7. 插入折线图

本表页中,通过折线图反映不同年度总资产的变化趋势。

【案例实现】

步骤1:打开"海信—案例数据—初始.pbix"文件,单击Power BI窗口左侧的报表视图 图标,选择"资产负债表分析"报表页。

步骤2:单击"可视化"下的"折线图"图标,按图7-28所示设置图表属性,生成折线图如图7-29所示。

图7-28 设置属性

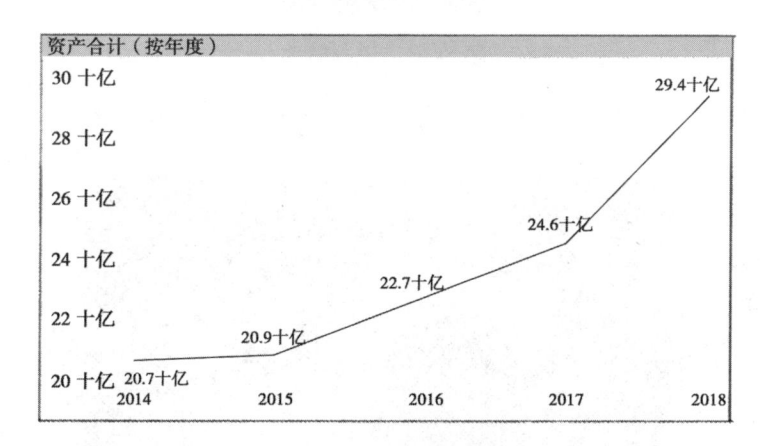

图7-29 折线图

8.插入树状图

本表页中,通过树状图反映资本、负债与所有者权益的平衡关系。

【案例实现】

步骤1:打开"海信—案例数据—初始.pbix"文件,单击Power BI窗口左侧的报表视图 图标,选择"资产负债表分析"

报表页。

步骤2：单击"可视化"下的"树状图"图标，按图7-30所示设置图表属性，生成树状图如图7-31所示。

图 7-30　设置属性

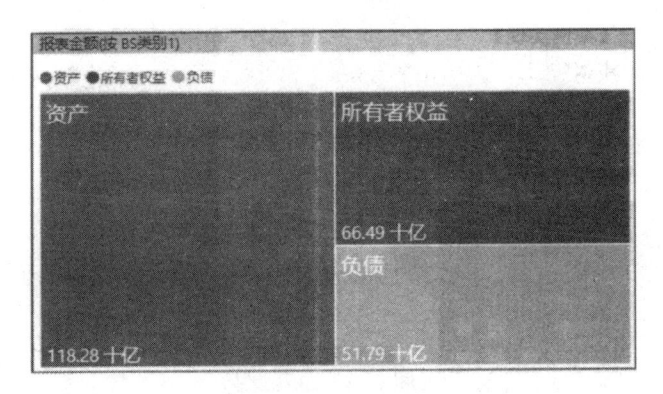

图 7-31　树状图

（三）利润表可视化

1. 可视化总览

利润表是反映企业在一定会计期间的经营成果的财务报表。利润表可视化总览如图7-32所示。

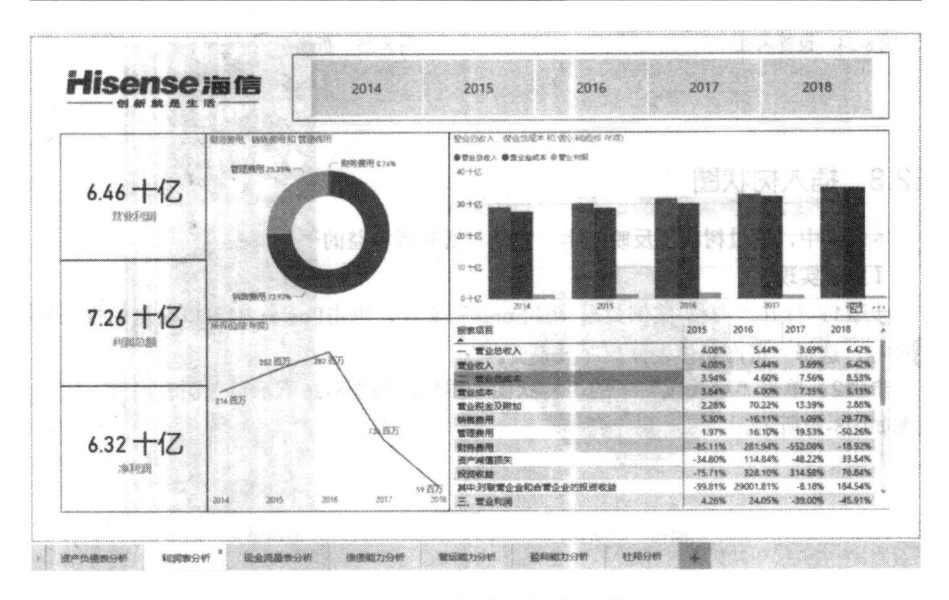

第七章　大数据时代企业财务管理的发展趋势

图 7-32　利润表可视化总览

2. 插入卡片图

本表页中，通过卡片图显示营业利润、利润总额和净利润 3 个关键数据。设置如下度量值。

● 营业利润 =CALCULATE（SUM（'利润表'[金额]），'利润表'[报表项目]=" 三、营业利润 "）

● 利润总额 =CALCULATE（SUM（'利润表'[金额]），'利润表'[报表项目]=" 四、利润总额 "）

● 净利润 =CALCULATE（SUM（'利润表'[金额]），'利润表'[报表项目]:" 五、净利润 "）

3. 插入圆环图

本表页中，通过圆环图显示管理费用、销售费用、财务费用 3 大期间费用的占比关系。设置如下度量值。

● 管理费用 =CALCULATE（SUM（'利润表'[金额]），'利润表'[报表项目]=" 管理费用 "）

● 销售费用 =CALCULATE（SUM（'利润表'[金额]），'利

润表'[报表项目]="销售费用"）

● 财务费用=CALCULATE（SUM（'利润表'[金额]），'利润表'[报表项目]="财务费用"）

插入圆环图操作与前面类似，在此不再重复。

4. 插入折线图

本表页中，通过折线图反映不同年度所得税费用的变化趋势。设置如下度量值。

● 所得税：CALCULATE（SUM（'利润表'[金额]），'利润表'[报表项目]="减：所得税费用"）

5. 插入簇状柱形图

本表页中，通过簇状柱形图反映不同年度营业收入、营业成本、营业利润的增减变动趋势。设置如下度量值。

● 营业总收入=CALCULATE（SUM（'润表'[金额]），'润表'[报表项目]="营业总收入"）

● 营业总成本=CALCULATE（SUM（'利润表'[金额]），'利润表'[报表项目]"二、营业总成本"）

【案例实现】

步骤1：打开"海信—案例数据—初始.pbix"文件，单击Power BI窗口左侧的报表视图图标，选择"利润表分析"报表页。

步骤2：单击"可视化"下的"簇状柱形图"图标，按图7-33所示设置图表属性，生成簇状柱形图如图7-34所示。

6. 插入矩阵

本表页中，通过矩阵反映利润表各报表项目的同比情况。设置如下度量值。

● 去年金额=
VAR LastYear=
SELECTEDVALUE（'利润表'[年度]）-1

第七章 大数据时代企业财务管理的发展趋势

RETURN

CALCULATE（SUM（'利润表'[金额]）'利润表'[年度]=Last Year）

● 利润表同比：if SELECTEDVALUE（'利润表'[年度]）>2014，DIVIDE（SUM（'利润表'[金额]）-[去年金额]，[去年金额]））

图 7-33 设置属性

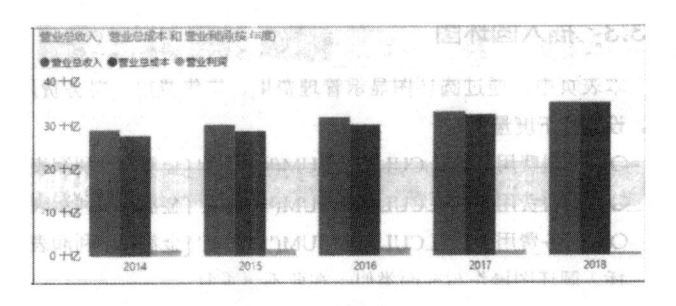

图 7-34 簇状柱形

【案例实现】

步骤1：打开"海信—案例数据—初始.pbix"文件，单击Power BI 窗口左侧的报表视图 图标，选择"利润表分析"报表页。

步骤2：单击"可视化"下的"矩阵"图标，按图 7-35 所示设置图表属性,生成矩阵如图 7-36 所示。

图 7-35　设置属性

报表项目	2015	2016	2017	2018
一、营业总收入	4.08%	5.44%	3.69%	6.42%
营业收入	4.08%	5.44%	3.69%	6.42%
二、营业总成本	3.94%	4.60%	7.56%	8.53%
营业成本	3.84%	6.00%	7.35%	5.13%
营业税金及附加	2.28%	70.22%	13.39%	2.88%
销售费用	5.30%	-16.11%	1.09%	29.77%
管理费用	1.97%	16.10%	19.53%	-50.26%
财务费用	-85.11%	281.94%	-552.08%	-18.92%
资产减值损失	-34.80%	114.84%	-48.22%	33.54%
投资收益	-75.71%	328.10%	314.58%	78.84%
其中:对联营企业和合营企业的投资收益	-99.81%	29001.81%	-8.18%	184.54%
三、营业利润	4.26%	24.05%	-39.00%	-45.91%

图 7-36　矩阵

（四）现金流量可视化

1. 可视化总览

现金流量表是反映一定时期内（如月度、季度或年度）企业经营活动、投资活动和筹资活动对其现金及现金等价物所产生影响的财务报表。现金流量表可视化总览如图 7-37 所示。

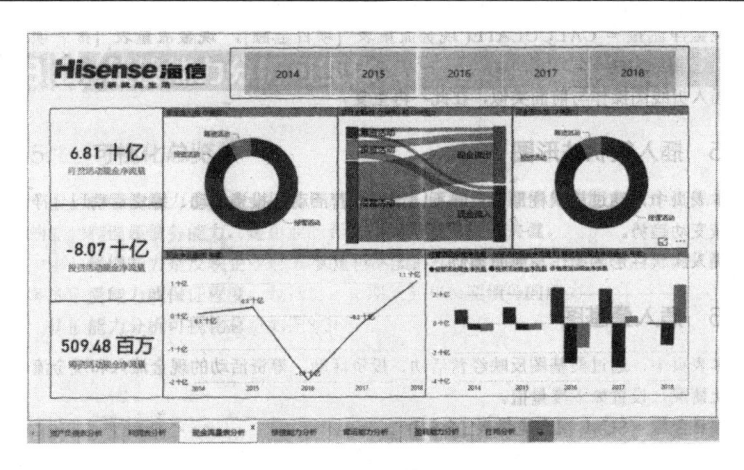

第七章　大数据时代企业财务管理的发展趋势

图 7-37　现金流量表可视化总览

2. 插入卡片图

本表页中,通过卡片图显示经营活动现金净流量、投资活动现金净流量、筹资活动现金净流量 3 个关键数据。设置如下度量值。

●经营活动现金净流量 =CALCULATE('现金流量表'[项目金额],'现金流量表'[报表项目]="经营活动产生的现金流量净额")

●投资活动现金净流量 =CALCULATE('现金流量表'[项目金额],'现金流量表'[报表项目]="投资活动产生的现金流量净额")

●筹资活动现金净流量 =CALCULATE('现金流量表'[项目金额],'现金流量表'[报表项目]="筹资活动产生的现金流量净额")

3. 插入圆环图

本表页中,通过圆环图显示不同活动的现金流入、现金流出状况。设置如下度量值。

●现金流入 =CALCULATE('现金流量表'[项目金额],'现金流量表'[CF 类别 2]="现金流入")

●现金流出 =CALCULATE（'现金流量表'[项目金额],'现金流量表'[CF类别2]="现金流出"）

4.插入折线图

本表页中,通过折线图反映不同年度现金净流量的变化趋势。设置如下度量值。

●现金净流量 =CALCULATE（'现金流量表'[项目金额],'现金流量表'[报表项目]="五、现金及现金等价物净增加额"）

5.插入簇状柱形图

本表页中,通过簇状柱形图反映不同年度经营活动、投资活动、筹资活动现金净流量的增减变动趋势。

6.插入桑基图

本表页中,通过桑基图反映经营活动、投资活动、筹资活动的现金流入和现金流出对比变化情况。设置如下度量值。

●项目金额 =SUM（'现金流量表'[金额]）

【案例实现】

步骤1：打开"海信—案例数据—初始.pbix"文件,单击 Power BI 窗口左侧的报表视图图标,选择"现金流量表分析"报表页。

步骤2：单击"可视化"下的"矩阵"图标,按图7-38所示设置图表属性,生成桑基图如图7-39所示。

（五）偿债能力分析可视化

1.可视化总览

企业的偿债能力是指企业用其资产偿还长期债务与短期债务的能力。企业有无支付现金的能力和偿还债务能力,是企业能否生存和健康发展的关键。

图 7-38 设置属性

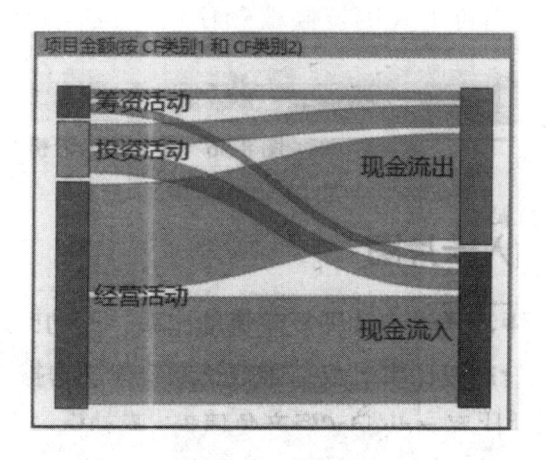

图 7-39 桑基图

企业偿债能力是反映企业财务状况和经营能力的重要标志。偿债能力是企业偿还到期债务的承受能力或保证程度,包括偿还短期债务和长期债务的能力。

偿债能力分析可视化总览如图 7-40 所示。

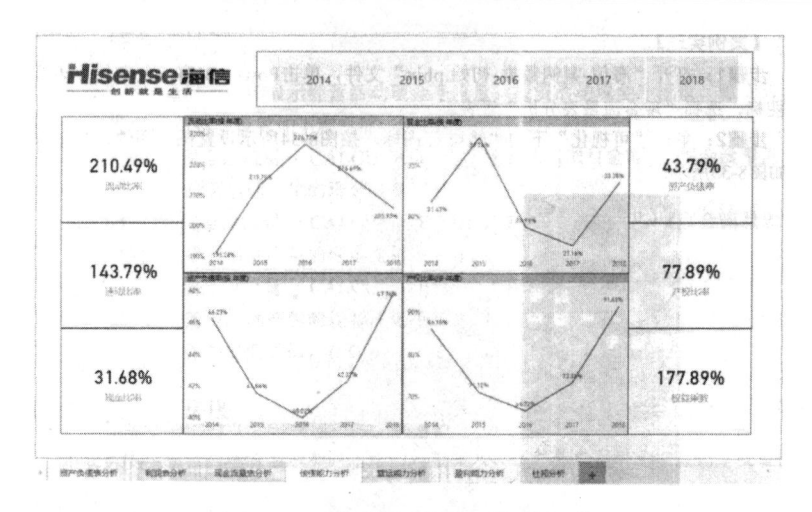

图 7-40　偿债能力分析可视化总览

2. 插入卡片图

本表页中,通过卡片图反映流动比率、速动比率、现金比率短期偿债能力指标,反映资产负债率、产权比率、权益乘数长期偿债能力指标。设置如下度量值。

● 流动比率 =divide（'资产负债表'[流动资产合计],'资产负债表'[流动负债合计]）

● 速动资产 =CALCULATE（'资产负债表'[报表金额],'资产负债表'[报表项目]="货币资金"‖'资产负债表'[报表项目]="应收票据"‖'产负债表'[报表项目]。"应收账款"‖'资产负债表'[报表项目]="预收账款"‖'资产负债表'[报表项目]="其他应收款"）

● 速动比率 =divide（'资产负债表'[速动资产],'资产负债表'[流动负债合计]）

● 货币资金 =CALCULATE（'资产负债表'[报表金额],'资产负债表'[报表项目]="货币资金"）

● 现金比率 =divide（'资产负债表'[货币资金],'资产负债表'[流动负债合计]）

● 资产负债率 =divide（'资产负债表'[负债合计],'资产负

债表'[资产合计])

● 产权比率 =divide（'资产负债表'[负债合计], '资产负债表'[所有者权益合计]）

● 权益乘数 =divide（'资产负债表'[资产合计], '资产负债表'[所有者权益合计]）

3. 插入折线图

本表页中，通过折线图反映不同年度流动比率、现金比率、资产负债率、产权比率的变化趋势。

（六）营运能力分析可视化

1. 可视化总览

企业营运能力主要指企业营运资产的效率与效益。企业营运资产的效率主要指资产的周转率或周转速度。企业营运资产的效益通常是指企业的产出量与资产占用量之间的比率。

营运能力分析可视化总览如图 7-41 所示。

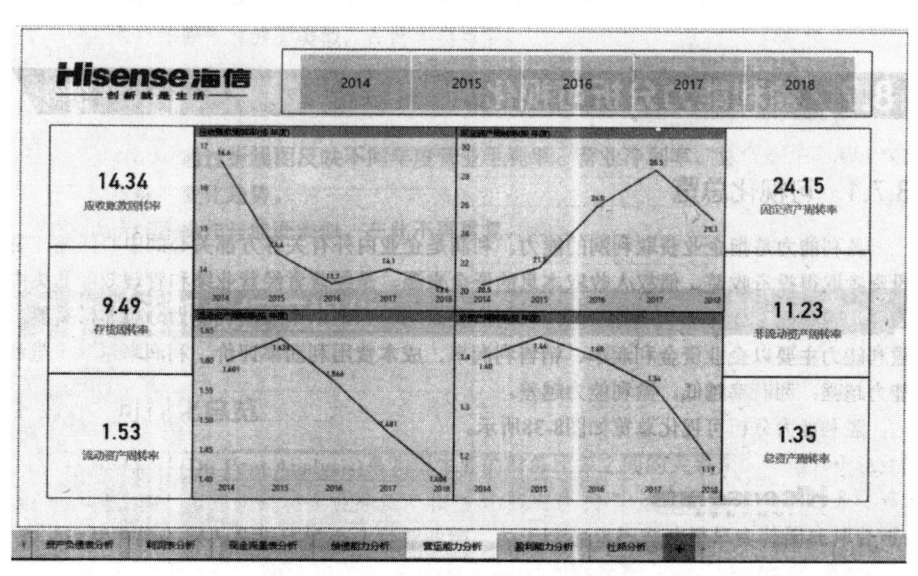

图 7-41 营运能力分析可视化总览

2. 插入卡片图

本表页中,通过卡片图反映应收账款周转率、存货周转率、流动资产周转率等短期资产周转能力指标,反映固定资产周转率、非流动资产周转率、总资产周转率、长期资产周转能力指标。设置如下度量值。

● 应收账款周转率 =
VAR A=[营业总收入]
VAR B=CALCULATE（[报表金额],' 资产负债表 '[报表项目]=" 应收账款 "）
VAR C=DIVIDE（A,B）
RETURE
C

3. 插入折线图

本表页中,通过折线图反映不同年度应收账款周转率、流动资产周转率、固定资产周转率、总资产周转率的变化趋势。

（七）盈利能力分析可视化

1. 可视化总览

盈利能力是指企业获取利润的能力。利润是企业内外有关各方都关心的中心问题,是投资者取得投资收益、债权人收取本息的资金来源,是经营者经营业绩和管理效能的集中表现,也是职工集体福利设施不断完善的重要保障。因此,企业盈利能力分析非常重要。盈利能力主要以企业资金利润率、销售利润率、成本费用利润率评价,利润率越高,盈利能力越强；利润率越低,盈利能力越差。

盈利能力分析可视化总览如图 7-42 所示。

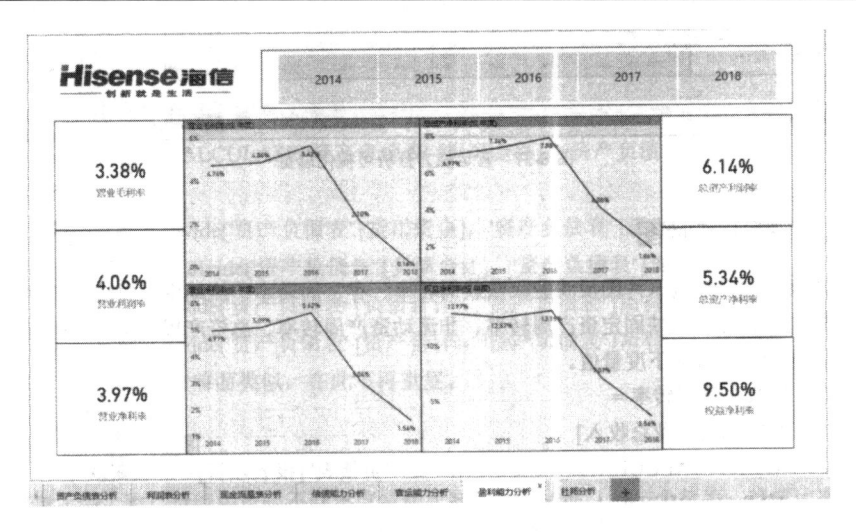

图 7-42　盈利能力分析可视化总览

2. 插入卡片图

本表页中,通过卡片图反映营业毛利率、营业利润率、营业净利率等企业日常经营活动赚取利润的能力指标,反映总资产利润率、总资产净利率、权益净利率等资产和权益赚取利润的能力指标。设置如下度量值。

●营业毛利率＝
VAR A=[营业总收入]
VAR B=[营业总收入]－[营业总成本]
VAR C=DIVIDE（B，A）
RETURN
C

3. 插入折线图

本表页中,通过折线图反映不同年度营业毛利率、营业净利率、总资产净利率、权益净利率等指标的变化趋势。

第二节 企业财务管理的智能信息化发展

大数据时代,"一切皆可数据化",数据驱动的企业变革方向已经达成共识,大数据应用当然会带来很多新机会、新可能,而要释放大数据的价值,归根结底还是要落地到企业在生产经营的业务活动中对各种信息系统的有效应用上。在当今的商业世界中,企业借助大数据资源支持进行各项决策已经是互联网新常态下巨变的新时代的必然要求,通过数据分析进行战略决策、营销决策、生产采购决策、投资决策以及市场预测,已经成为大数据时代企业生存发展的必然趋势。今天所有的企业业务战略,如果没有数据支撑都不能落地,所以大数据时代需要信息技术和企业各项生产经营管理活动深度融合是必然的时代要求。企业信息化工作要顺应时代要求,企业才能得到生存和发展的机会。

一、财务管理信息化

财务信息系统是指以统一合理的部门合作、疏通的信息渠道为依托,以计算机、Internet 网络、网络财务软件为手段,建立的财务信息服务系统。它运用本身所特有的一套方法,从价值方面对事业、机关团体的经营活动和经营成果,进行全面、连续、系统的定量描述。

(一)财务管理信息化的内容

从专业角度划分,财务信息化可以分为财务会计、管理会计、财务管理和审计四个专业领域。从企业用户角度划分,财务信息化服务的对象包括战略决策层、管理控制层和业务操作层的不同层面的人员。财务信息系统的各个专业模块各自服务于不同层面的企业用户。国内多数企业的财务信息化还处于财务会计的

第七章 大数据时代企业财务管理的发展趋势

会计核算和财务报表的应用阶段,这些系统或系统模块对于战略决策层的规划、分析、监控的支持力度是远远不足的。一些管理领先、信息化基础较好的大型企业,已经开始了预算、作业成本、决策支持分析等管理会计信息化的应用,并取得了较好的应用效果,使得 ERP 和核算系统中的财务业务数据能够更好地满足战略决策层的管理需求。

(二)财务信息系统与其他业务系统的关系

财务信息系统是其他各业务系统的核心和数据流转的终点,对于会计信息系统,不能仅从企业会计信息系统的传统概念去认识,而要从"国民经济信息化"的角度去思考。站在这个高度,就能考虑会计信息对于经济社会的作用,发现会计信息对于经济运行的价值,研究它在经济分析和宏观调控中所发挥的功能。按照上述思想,探讨研究以下问题。第一,重新认识会计理论并进行突破与创新。第二,分析会计信息系统与管理信息系统、经营信息系统之间的关系。第三,介绍企业会计信息系统,讨论会计信息处理的智能化。第四,讨论"工程会计"理论,进行会计信息生产社会化、经济信息处理综合化的"国家经济信息支持系统"的设计。实际上,我们提出"会计信息化"是因为传统的会计信息系统已经不适应现代信息管理发展的要求。

第一,传统会计信息系统是企业内部的信息"孤岛"。财务软件只局限于财务部门使用,其他部门如企业领导和管理人员要看财务报告、财务报表,还需要财务软件打印出来。另外,很多业务如生产、采购、库存、销售、人力资源等都与会计信息紧紧联系在一起。但过去的财务软件没有与业务系统很好连接。

第二,传统会计信息系统与企业外部的信息系统隔离。所有的商务交易还是要通过手工方式先开具纸张单据,然后再输入电脑。

第三,传统会计信息系统是人工会计的模拟系统。以前尽管财务软件提高了会计工作的效率和会计信息的质量,但会计处理程序和方法基本上是把手工的一套移到电脑上去，我们很多企业的会计人员还要求电脑屏幕上显示的凭证和手工的一模一样。计算机技术发展到今天是以更大简化为目的，不断增大科技含量，内在越复杂，外在越简单，这是未来科技发展的方向。

第四，传统会计信息系统滞后于现代信息技术的发展。现在Internet-Intranet技术的发展已经到了我们无法想象的阶段，如果我们还在用孤立的PC处理个案，那么企业的管理决策、预算、投资、生产决策就会因信息量不足而出现失误。

第五，"会计信息化"的提出是把会计的服务管理职能放在现在和未来的信息大环境中考虑的，我们变革的目的是谋求发展。

我国MRPII、ERP等先进的企业管理系统的研究和使用还处于起步阶段，目前国内绝大多数企业使用的还是核算型或是向企业管理信息系统方向过渡的相对独立的财务信息系统软件。这种财务信息系统是一个不够理想的管理信息系统，但这是向ERP等过渡的关键和决定性的一步。

二、区块链与企业财务管理

2017年，董莉在《区块链：诗不在远方》一文中谈到：区块链是一种公共记账的机制，通过建立一组互联网上的公共账本，网络中所有用户共同在账本上记账与核账，来保证信息的真实性和不可篡改性。区块链存储数据的结构是由网络上一个个存储区块组成的链条，每个区块中包含了一定时间内网络中全部的信息交流数据。[①]

尽管区块链给我们的直接感受是和财务大有联系，但在实践研究中，对区块链的应用更多地聚焦在金融领域。好在金融和企业财务管理也有紧密的交集部分，这使得区块链还是快速地进入

---

① 董莉.区块链：诗不在远方[J].IT经理世界，2017（05）：30-33.

第七章　大数据时代企业财务管理的发展趋势

了各 CFO 的视野。在这里,笔者基于自己的理解和预判,来分析区块链和财务管理之间可能的应用场景。

区块链最适合解决怎样的问题呢?从区块链的特征来看,涉及多方信任的场景是非常适合使用区块链来解决的。它的去中心化、点对点对等网络、共享账簿等特征都能够对多方交易进行增信,从而改变当前的业务模型。从这个角度来说,可以从五个方面来设计区块链在财务领域的应用场景,如图 7-43 所示。

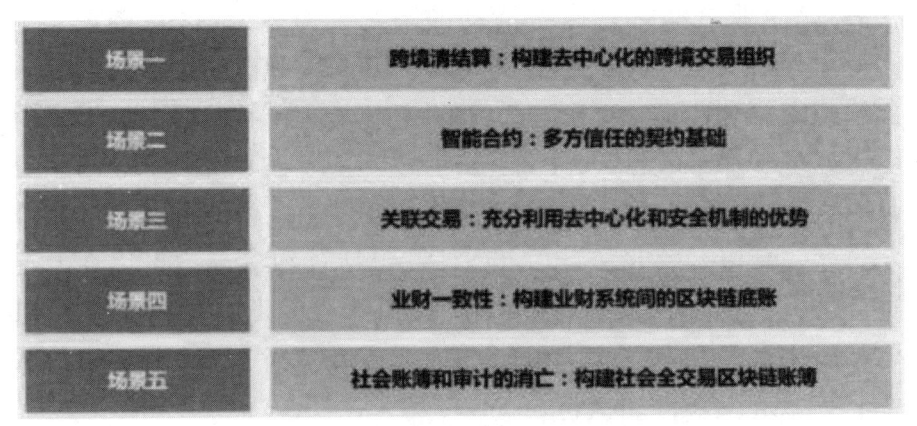

场景一	跨境清结算:构建去中心化的跨境交易组织
场景二	智能合约:多方信任的契约基础
场景三	关联交易:充分利用去中心化和安全机制的优势
场景四	业财一致性:构建业财系统间的区块链底账
场景五	社会账簿和审计的消亡:构建社会全交易区块链账簿

图 7-43　财务的区块链应用场景

(资料来源:董皓,2018)

(一)跨境清结算

从目前国内的清结算交易来看,清结算面临的问题并不严重,反而是在跨境清结算交易的过程中面临较大的压力。在跨境付款过程中,非常重要甚至可以说绕不开的是 SWIFT 组织。它通过一套基于 SWIFT Code 的代码体系,将各个国家的银行构建为网络,并实现跨境的转账支付交易。对于这套体系来说,高昂的手续费和漫长的转账周期是其极大的痛点。对于在整个交易过程中处于中心地位的 SWIFT 来说,改变自身的动力并不强。但区块链技术的出现为打破这种基于中心组织的清结算体制带来了可能。去中心化的区块链交易有可能使得全球用户能够基于更低的费用,以更快的速度完成跨境转账。实际上,很多银行和区块链创新组织已经在积极展开相关的技术尝试,这也驱动SWIFT不得不做出自我改变,并在2016年年初启动实施基于区块链技术的全新的技术路线图。

(二)智能合约

如图7-44所示,智能合约同样是一个涉及双方甚至多方信任的场景。当然,从单纯的合约概念来说,它并不是一个财务概念,而是企业之间进行商贸活动的契约。但是,在区块链技术的支持下,合约的可信度得到很大的提升,并且基于电子数据完成合约的签订和承载后,合约背后的财务执行就可以更多地考虑自动化处理。那么,什么是智能合约呢?密码学家和数字货币研究者尼克·萨德在1994年提出了这个概念,并总结为"一个智能合约是一套以数字形式定义的承诺,包括合约参与方可以在上面执行这些承诺的协议"。简单地说,智能合约所有的触发条件都是可以用计算机代码编译的,当条件被触发时,合约由系统而非一个中介组织来自动执行。

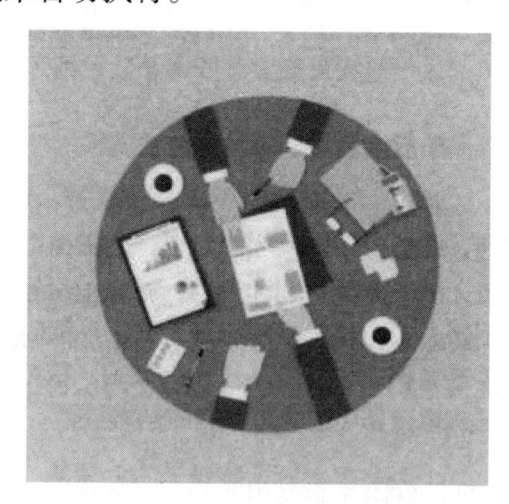

图7-44 基于多方信任的合约

在没有区块链的时候,智能合约依赖的中心系统难以得到合约双方的认可,而区块链的出现,使得这一同步于互联网提出的

第七章　大数据时代企业财务管理的发展趋势

设想成为可能。基于智能合约自动触发的财务结算、会计核算等处理都将极大地简化财务处理,并有力地支持智能财务的实现。

(三)关联交易

在财务领域,关联交易的处理一直是困扰财务人员的一个难题。由于关联交易各方的账簿都是由各自的属主管理的,这就使得关联交易发生后各方账簿进行记账和核对的工作异常复杂。与有一个中心的账簿不同,在关联交易模式下没有中心,也没有区块链下可靠的安全记账机制,这就使得很多时候关联交易核对出现问题。一些大型企业也试图在解决这样的问题,但在区块链出现之前,大家的探索方向是试图构建一个中心,让所有的关联交易方在这个中心完成交易登记,从而实现类似于银行清结算的对账机制。区块链的出现,让我们可以探索另一条道路,既然无中心了,那么就更加彻底,通过区块链的去中心化特征和其可靠的安全机制来实现新的关联交易管理模式。

(四)业财一致性

另一个和关联交易有些类似的场景是长期困扰我们的业财一致性问题。如果说关联交易是法人与法人之间的交易,那么业财一致性要解决的就是业务账与财务账之间的关系。相比来说,构建一套业财区块链账簿体系更加复杂。由于在企业中各个业务系统在建设的时候往往都是以满足业务发展为基本出发点的,这就使得多数的业务系统根本没有考虑对财务核算的影响,也正是这一点导致当下不少大型企业中业财一致性成为难点。如果使用区块链技术来解决这一问题,就需要在业务系统和财务系统底层构建一套分布式账簿,并由此取代现在的业财会计引擎的模式。从将业务数据自行记录传输至会计引擎转换为会计分录进行记账的模式,转变为业务和财务双方平行账簿记账的模式。业务和财务都同步保留业务账和财务账,从根本上实现业财一致。当然,这个过程可能会造成海量的数据冗余,并且技术实现也更为复杂。

(五)社会账簿和审计的消亡

最后,我们要谈到的是一种终极场景:如果整个社会的商业行为完全都基于区块链展开,那么对于财务来说,就不会再是每个企业自行记账的模式了。每个企业都是区块链上的一个节点,企业与企业之间所发生的所有交易都通过区块链进行多账簿的链式记账,这就使得很难出现假账。同时,高可靠性的全社会交易记载,对税务、财政等监管模式也会带来极大的影响,很可能发票也失去了其存在的价值。监管审计、第三方审计都可能失去其存在的必要性,并最终导致审计的消亡。

三、智能时代的财务变革

不知从何时开始,新闻、职场、培训、会议、论坛,几乎你所能接触到的所有媒体和社交场合中都出现了"人工智能"这个关键词。是的,智能时代来了。这一切大概都是从阿尔法狗(AlphaGo)战胜人类开始的,我们突然认识到,这个曾经在科幻小说中的概念来到了生活里。随后,忽如一夜春风,涌现出各种各样人工智能的概念和应用场景。

不管别人怎么说,自己怎么看,保守也好,创新也罢,总之智能时代来了,就摆在我们财务人的面前。接受也好,不理解也罢,它已经在改变着我们曾经熟悉的那个财务管理世界。走出象牙塔,打开思想看世界,或许是我们更好的选择。

(一)人工智能正在改变世界

事实上,人工智能的出现如同所有新事物一样,都经历了量变到质变的过程,只是我们认识到它的到来迟钝和突然了一点。让我们先回顾一下人工智能的发展历程,再看看它是如何一步一步进入财务视野的。

第七章　大数据时代企业财务管理的发展趋势

人工智能的科学定义源自1950年,计算机科学的奠基人阿兰·图灵在《思想》杂志上发表论文《计算的机器和智能》,提出了人工智能的概念。如图7-45所示,阿兰·图灵认为,如果用一台计算机和人做问答游戏,计算机对面的人并不知道自己和谁在聊天,如果计算机骗过了这个人,让他认为对方是人类而非计算机的话,就可以说计算机实现了人工智能。这的确是以一种非常通俗易懂,并且容易验证的方式定义了人工智能。今天,要做到这一点并非很困难,如微信里经常被大家拿来晒聊天记录的聊天机器人,就几乎达到了以假乱真的程度。

图7-45　阿兰·图灵定义的人工智能

早期,基于数据和统计的模式无法带来具有商业价值的应用,原因很简单:一是数据不够多,二是计算能力不够强。这两个因素制约了人工智能的发展。今天,大数据技术的快速发展以及云计算对计算能力的大幅提升,打破了这两个因素的约束,终于人工智能出现了质变的突破。

因此,从这个角度来说,现代人工智能的发展和大数据的关系异常紧密。相信大家对大数据都不再陌生,徐子沛的《大数据》用通俗的方式让人们了解了大数据的重要性。可以说,大数据是人工智能技术的核心与基础,智能时代的背后是数据时代,而数据处理恰恰又是财务人的核心能力。当然,仿生学的研究并未停滞,用计算机模拟人的神经元,并组建神经网络的研究还在一直进行中,也取得了一定的成绩。未来必然会出现再次的量到质的改变,这也是值得期待的事情。

智能时代的到来在改变着世界,这种改变在以肉眼可见的速度进行着。不知从何时起,当你打开淘宝时,各种推荐自动出现,并且随着时间的推移,智能推荐的结果越来越贴近你的需求;无人驾驶汽车开始出现,能够基于实时采集的路况数据进行智能驾驶;智能医生可以根据你的身体数据自动开具处方;智能投资顾问可以让你远离复杂投资方法的困扰,帮助你进行资产管理。你会发现,智能化已经触及生活的点点滴滴,并且给人们的生活带来极大的便利。

(二)智能时代也在改变财务

在智能时代已经明确到来的时候,财务管理又是怎样的呢?趋势的力量是不可抗拒的,尽管绝大多数的财务人还没有意识到智能时代会带来怎样的影响,但它实实在在地已经来了,并且在潜移默化地改变着财务。

在当下的人工智能领域,大数据是其重要的构成部分,而进一步的机器学习则带来了更多的发展和突破。如果把仿生学的人工智能称为1.0模式,那么大数据即为人工智能的2.0模式,机器学习是人工智能的3.0模式。未来,还会有人工智能的4.0模式、5.0模式……最终人工智能达到并超越人脑的思维能力将成为可能。

在这里并不是从技术角度来研究人工智能的,而是更关心智能时代下的财务架构会发生怎样的改变,进而看到智能时代给财务组织带来怎样的模式改变,给财务人带来怎样的认知升级,给财务信息化带来怎样的技术提升,给各种财务管理专业领域带来怎样的场景创新。

如图7-46所示,智能时代正在从财务组织模式、财务人的认知、财务信息技术等方面全方位地改变着财务。

第七章　大数据时代企业财务管理的发展趋势

财务组织模式的变革		
数据	算法	建模
财务人的认识升级		
高级管理人员	经营分析预算	会计运营
适配经营智能化	建模能力胜过数字能力	规则和流程设计能力
财务信息技术的更新		

云计算	大数据	机器学习	区块链

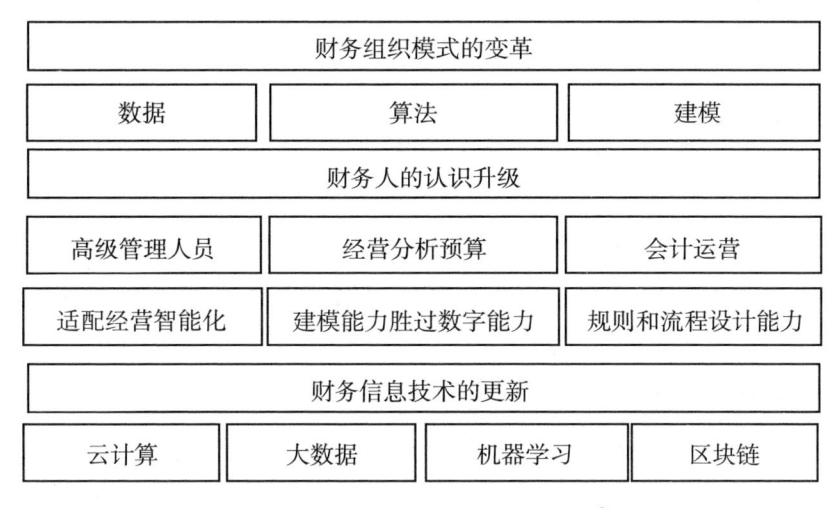

图 7-46　智能时代对财务的改变[①]

1. 智能时代带来财务组织模式的变革

财务组织本身一直在进化和演变中，与技术的发展相匹配，智能时代的财务在组织层面从战略、专业、共享、业财四分离阶段进化到外延扩展阶段。在这个阶段，财务组织将具备更多与智能时代特征相匹配的新职能，如大数据分析、智能共享运营等。财务组织将从刚性运营向柔性运营改变，为业务提供更加丰富和灵活的支持。

在智能时代，财务组织的核心特点是与云计算、大数据、机器学习、区块链等技术进行协同。一方面，智能时代的新技术需要有配套的财务组织进行维护，如负责财务数据管理和维护的数据运营团队、具备学习算法能力的财务建模团队等；另一方面，财务需要拥有能够运用智能技术的团队，如基于大数据的智能风险控制团队，以及能够运用大数据进行资源配置预测的新型预算团队等。由于智能技术的人才及相关资源还没有普及，财务组织的转变难以一蹴而就。在智能时代，合理路径应当是前瞻性的组织架构变革先行，人员培养和获取随后跟进，最终建立新型财务组织。

---

① 董皓.智能时代财务管理[M].北京：电子工业出版社，2018：6.

2. 智能时代带来财务人的认知升级

在智能时代，如吴军博士在《智能时代》一书封面上所言："2%的人将控制未来，成为他们或被淘汰。"这并不是危言耸听，对财务来说，这种变化一直在发生，只是未必有即将来临的事情那么剧烈。例如，财务从纯手工作业转变为高度的网络化作业也就发生在不到20年的时间里，而其间又经历了会计电算化向财务信息化的转变。未来有三类财务人员会受到巨大的冲击，也必须要面对认知的升级。

第一类是财务高级管理人员，如CFO或财务经理。他们是整个财务组织和财务团队的灵魂，与业务的衔接也最为紧密。在他们的认知框架里，数据和信息化的重要性比重必须显著增加。一方面，一个没有大数据思维和算法思维的管理者将是不合格的，财务将无法应用新技术工具帮助企业提升价值；另一方面，作为业务的伙伴，当整个公司的经营都已经被智能化渗透后，如果财务还没有这方面的知识储备，面对的必须是不换思想就换人的窘境了。财务高级管理者需要深度理解公司战略在智能时代所做出的转变，并能够主动在经营分析、资源配置等领域给予业务更好的支持。

第二类是财务经营分析或预算管理人员。他们的传统价值在于驾驭数字，能够从中找到蛛丝马迹，为业务部门提供经营分析支持，或者通过预算、考核等手段推动业务改进绩效。但在智能时代，更多经营改进的建议应当是通过人工智能进行大量数据分析后提出的，通过分析大量历史数据，从相关性中探寻规律，给出很可能靠人无法发现的绩效改进线索。在预算管理上，资源配置的基础将由智能分析提供。对这一类人员来说，其曾经引以为豪的数字加工能力、数字敏感性等不再重要。如果要成为有价值的2%的人，就必须重新构建自身能力，在大数据、机器学习等方面掌握业务建模的能力。

第三类是会计运营人员，包括财务共享服务中心的员工。财务共享服务实现了流程的标准化和作业的规模化,将曾经具有技术性的会计核算转变成流水线作业。这本身也是顺应智能时代的需要而发生的重要改变。在智能时代的后期,这种变化会进一步加剧,共享服务中心会将现有的审核作业进一步规则化,甚至是计算机通过机器学习的模式,在学习海量案例后自己形成作业规则。这样在整个流程运营中,对人员技能的需求会进一步下降,会计运营人员有可能退化为信息录入人员,甚至直接被淘汰。在这个过程中保留下的2%的人,将是有能力进行规则分析、流程设计和流程优化的少数人。

在智能时代,对财务人的认知改变是巨大的,也是残酷的。

3. 智能时代带来财务信息技术的晋级

智能时代对财务信息技术的影响最直接。如上文所述,在当前阶段,人工智能的核心是大数据和机器学习,而云计算又是支撑起大数据和机器学习的计算能力的基础,由此衍生出的区块链等新兴技术也会对财务管理产生重要影响。

在大数据方面,首先要求信息系统提升自身的数据采集和存储能力。大数据需要建立在高度的业财信息系统对接的基础上,财务信息系统将能够获取端到端的、更加全面、完整的业务及财务数据,并且能够支持非结构化的数据处理。同时,需要引入新的数据存储技术,并最终形成应用。

在机器学习方面,需要找到合适的机器学习切入场景,从技术层面简化实现的难度,让未来的财务管理人员有能力参与到机器学习建模的过程中,并应及早规划并积累可用于机器学习的财务管理场景的数据。没有数据的机器学习是没有应用价值的。

在云计算方面,一是需要充分利用云计算所形成的强大的机器学习算力,以实现技术的可行性;二是让云计算在基础设施服务、软件服务、平台服务等方面给企业财务信息化带来多种价值,如更低的财务信息化建设成本、更为灵活和快速的应用部署、依托云服务获取市场管理最佳实践等。

四、财务的智能架构

图 7-47 所示从数据特点、一列引擎化的技术工具,以及财务应用和智能时代新技术的组合场景分析来展示智能时代财务信息化功能架构的全貌。

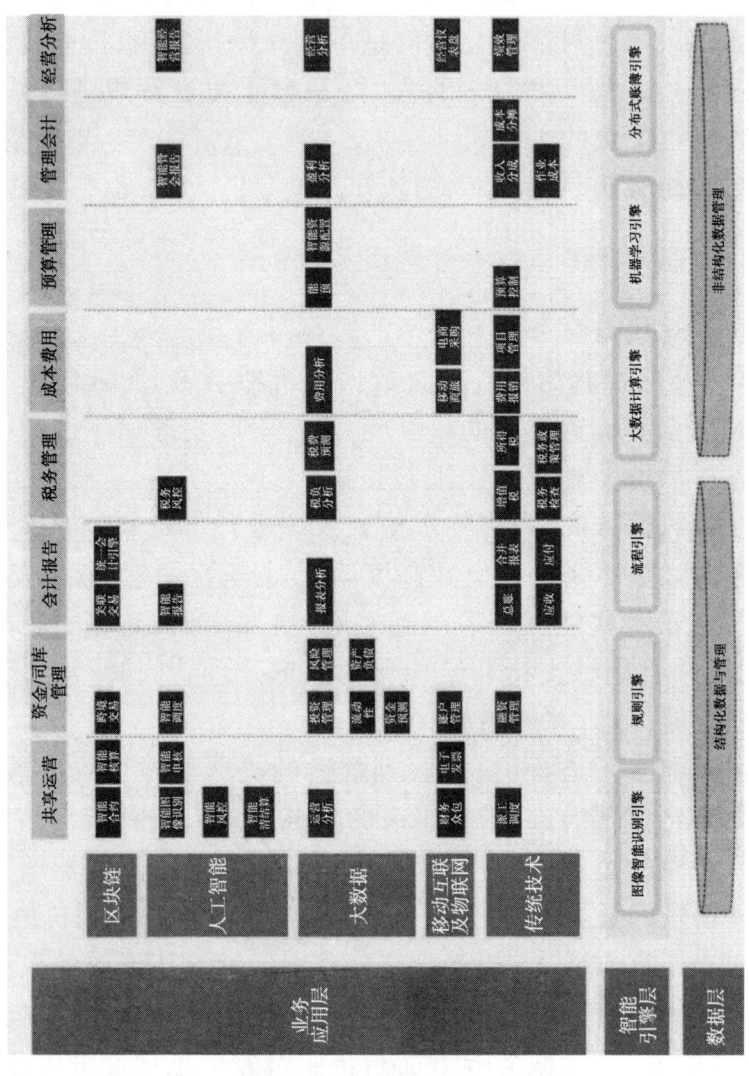

图 7-47　财务的智能架构[①]

---

① 董皓.智能时代财务管理[M].北京:电子工业出版社,2018:102.

第七章 大数据时代企业财务管理的发展趋势

（一）财务智能化功能架构蓝图

下面我们针对财务智能化功能架构蓝图逐一展开解析。

1. 功能架构中的数据层

首先要说的是智能财务信息化架构下的数据层。和传统财务信息化架构相比，最重要的是数据的内涵发生了变化。在传统架构下，处理的主要是结构化数据；而在引入大数据技术后，结构化数据已经无法满足财务信息系统对数据的需求，非结构化数据被引入，并且成为非常重要的构成部分。因此，在功能架构的数据层中，系统对结构化数据和非结构化数据同时提供相应的管理功能，从数据的采集管理、对接管理、存储管理等方面进行相应的功能支持。

2. 功能架构中的智能引擎层

智能引擎层是架构中的另一个重要层次。之所以叫作智能引擎层，是希望在搭建智能时代财务信息系统架构时，能够对关键的支持技术进行组件化，并以引擎的形式来支持不同业务场景的应用。引擎层是一个公用的技术平台，在不同的应用场景中，能够灵活地调用相关引擎来实现配套的业务应用，从而实现整个财务信息化架构底层技术工具的共享。在智能时代的财务信息化架构中，可抽象出的引擎主要包括以下几个方面。

（1）图像智能识别引擎

图像智能识别引擎主要用于广泛地进行图片信息的识别，一方面，能够支持对结构化数据的采集；另一方面，也能够支持对非结构化数据的信息提取。同时，图像智能识别引擎可以利用机器学习来提升自身的识别能力，从而扩大可应用的价值和场景。

（2）规则引擎

规则引擎作为初级人工智能应用，会在整个财务信息化中发挥重要的作用。通过灵活、可配置的规则定义，支持在财务流程中基于规则进行大量的判断、审核、分类等应用。规则引擎的完善，一方面，依赖于经验分析后的完善；另一方面，也将基于机器学习引擎来辅助规则完善。

（3）流程引擎

流程引擎无论在哪个时代都十分重要，好的流程引擎能够全面提升财务信息系统的水平。在智能时代，流程引擎的驱动仍然是规则引擎，而规则引擎又基于机器学习得以完善优化，并最终带来流程引擎能力的提升。

（4）大数据计算引擎

大数据计算引擎是相对独立的，基于大数据的技术架构，能够处理海量的包括结构化数据和非结构化数据的计算。大数据计算引擎的实现，能够使得财务在大数据方面的应用场景得到真正的技术支持，而不是传统计算模式下的伪大数据。

（5）机器学习引擎

机器学习引擎应当能够实现监督学习和非监督学习，通过大量的不同业务场景的数据学习训练，形成相应的优化规则，并依托规则引擎作用于各种业务场景中。从这个意义上来讲，机器学习引擎有些像规则引擎的后台引擎。

（6）分布式账簿引擎

对于区块链的应用，需要在底层搭建各类分布式账簿，而我们可以考虑通过引擎化的方式，将这种分布式账簿的搭建变得更为标准和可配置。当然，这需要区块链技术实现从技术概念走向业务简易应用的概念。有了分布式账簿引擎，基于区块链的应用可以得到进一步的加速。

3. 功能架构中的业务应用层

业务应用层是最重要的一个层次。在业务应用层中，我们从财务业务模块和技术两个角度实现了场景功能的匹配，从而形成了相对清晰的智能时代财务信息化应用的功能场景蓝图。它可以成为有意致力于智能时代技术深度应用的企业的思维导图，并

第七章　大数据时代企业财务管理的发展趋势

据此展开规划和实践。下面我们从财务业务模块的视角来逐一说明。

（1）共享运营

如表 7-1 所示，对于共享运营来说，在智能化方面的应用场景是相对较多的，这也是由其作业运营的特点所决定的。信息技术的进步，本身对运营效率的提升就是最直接的。

表 7-1　共享运营场景与技术匹配技术

技术	功能模块
区块链	智能合约和智能核算
人工智能	智能图像识别、智能审核、智能风控、智能清结算
大数据	运营分析
移动互联及物联网	财务众包、电子发票
传统技术	派工调度

（2）资金/司库管理

如表 7-2 所示，在资金管理中与共享流程密切相关的部分已经被归入共享运营中体现，而针对资金管理和司库管理来说，主要的应用在于提升基于大数据对资金和司库管理的分析、决策能力。此外，物联网技术对于账户 UKey、用印安全管理也将发挥重要作用。

表 7-2　资金/司库管理场景与技术匹配

技术	功能模块
区块链	跨境交易
人工智能	智能资金调度
大数据	投资管理、风险管理、流动性管理、资产负债管理、资金预测
移动互联及物联网	账户管理（UKey 和印章）
传统技术	融资管理

（3）会计报告

如表 7-3 所示，会计报告对新技术的应用主要集中在区块链对关联交易以及业财一致性的支持上。同时,类似于智能编辑,这样的场景可以应用于会计报告的智能变化。在这个领域,也会引发对未来套装软件是否能够支持智能化应用的思考。

表7-3　会计报告场景与技术匹配

技术	功能模块
区块链	关联交易、统一会计引擎
人工智能	智能报告
大数据	报表分析
移动互联及物联网	无
传统技术	总账、应收、应付（等）、合并报表

（4）税务管理

如表7-4所示,税务管理在税务风险控制方面可以应用人工智能技术来进行智能时代财务管理支持,在税负分析、税费预测等领域也可以考虑引入大数据,充分利用企业内外部数据来提升分析质量。此外,税务管理中所涉及的不少应用场景也会前置到其他业务或财务系统中。

表7-4　税务管理场景与技术匹配

技术	功能模块
区块链	无
人工智能	税务风险控制
大数据	税负分析、税费预测
移动互联及物联网	无
传统技术	增值税、所得税等分税种模块、税务检查、税务政策管理

（5）成本费用管理

如表7-5所示,成本费用管理在费用分析方面可以考虑与大数据相结合,而在移动互联网方面,可以进行服务及商品采购的前置和线上管理,从而获得更好的管控效果。

第七章 大数据时代企业财务管理的发展趋势

表 7-5 成本费用管理场景与技术匹配

技术	功能模块
区块链	无
人工智能	无
大数据	费用分析
移动互联及物联网	移动商旅、电商采购
传统技术	费用报销、项目管理

（6）预算管理

如表 7-6 所示，预算管理的技术应用主要集中在大数据方面，通过大数据，加强对预算预测和资源配置的管理能力的提升。

表 7-6 预算管理场景与技术匹配

技术	功能模块
区块链	无
人工智能	无
大数据	智能预测、智能资源配置（预算编制、调整）
移动互联及物联网	无
传统技术	预算控制

（7）管理会计

如表 7-7 所示，管理会计本身在技术层面的起步就比较晚，因此它的实现仍然基于传统技术方式。但在管理会计报告的编制中，可以考虑采用智能编辑模式，盈利分析可以考虑引入广义数据，增强分析的实用性。

表 7-7 管理会计场景与技术匹配

技术	功能模块
区块链	无
人工智能	智能管会报告
大数据	盈利分析
移动互联及物联网	无
传统技术	收入分成、成本分摊、作业成本

（8）经营分析

如表7-8所示，在经营分析这个领域，大数据能够有较大的应用空间。通过数据范围的扩大、相关性分析的引入，经营分析能力能够得到提升。

表7-8 经营分析场景与技术匹配

技术	功能模块
区块链	无
人工智能	智能经营报告
大数据	经营分析
移动互联及物联网	经营仪表盘
传统技术	绩效管理

（二）财务与科技的信息化协同

智能时代财务信息化的架构发生了很大的改变。在数据层面，从结构化数据到非结构化数据；在技术层面，大数据技术、机器学习、分布式账簿等新技术引擎将被广泛地应用到财务信息化中。

在应用场景中，一方面，传统的财务信息化应用场景会被优化，形成更为高效或有用的升级场景；另一方面，基于新技术的新应用场景也将大量涌现。在这样的背景下，财务部门内部、科技部门内部、财务部门和科技部门之间的协同变得更加复杂，也尤为重要。但我们不得不正视的是，在智能时代来临伊始，很多财务部门和科技部门都没有做好这样的准备，面对快速来临的技术革新，往往措手不及。因此，在这里我们有必要一起来认真地研究一下智能时代可能给传统的财务、科技协同关系带来怎样的挑战，以及构建怎样的新机制来积极面对，如图7-48所示。

第七章 大数据时代企业财务管理的发展趋势

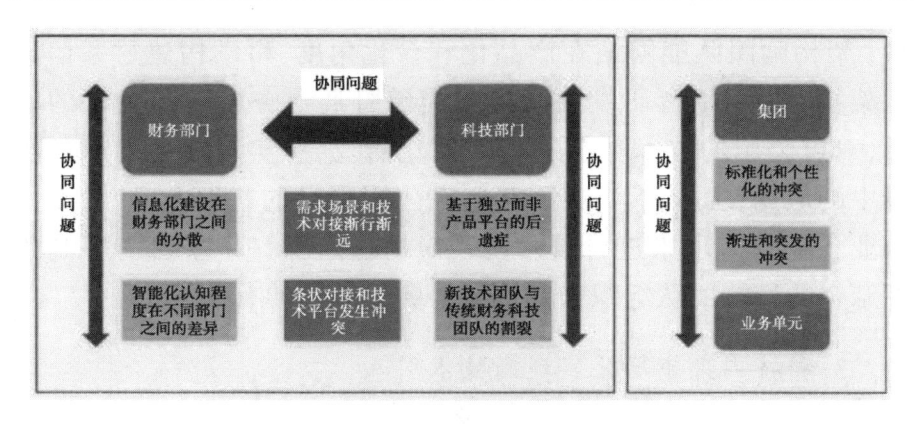

图 7-48 智能时代财务与科技的信息化协同

1. 财务构建统一的信息化中枢

对于财务组织内部来说，要打破信息化的建设边界。打破边界的方法可以考虑在财务体系中构建统一的信息化中枢，这个信息化中枢可以是实体组织，也可以是虚拟组织。实体组织可以体现为财务信息化团队或部门的形态，如某领先互联网企业内部设有财经 IT 部、某大型国有商业银行有会计信息部这样的组织，这些实体化的专有组织能够在财务体系内部起到统筹协调的作用。对于没有条件设立统一财务信息化团队的企业来说，可以考虑设立虚拟机构，如设置财务信息化管理委员会之类的跨部门统筹组织。尽管它在力度上弱于实体组织，但也能够起到一定的统筹协调作用，并且在财务信息化架构搭建和重大项目的推进过程中发挥重要作用。

2. 科技面向财务的团队和架构的私人订制

对于科技部门来说，要实现与财务的紧密协同，应当考虑构建面向财务提供服务的专属团队。在这样的专属团队中，应当从组织架构上打破传统按业务模块独立设置团队的模式，构建能够更好地匹配未来的平台化架构，包括专属需求分析团队、架构师团队、公用平台研发团队和场景实现团队面向财务的私人订制。需求分析团队应当能够有效支撑智能技术与财务需求团队的对接；架构师团队能够站在产品化和台化角度，科学构建财务信息化架构；公用平台研发团队应当能够打通财务各业务模块的底层，对可公用的技术功能进行组件化研发，并实现在不同业务场景中的应用；而场景实现团队则在公用平台的基础上，针对不同的业务场景需求来进行技术实现。通过这样一个平台与客制化相结合的科技团队组织来实现对财务智能化的有力支持。

3. 科技内部市场化实现新技术引入

如图 7-49 所示，对于科技内部各类"黑科技实验室"之间的协同，不妨考虑引入市场化机制。由于各类"黑科技实验室"主要的服务对象是企业的业务场景，而对于作为后台的财务场景来说，要想获得大力度的支持并不容易。在这种情况下，引入市场化机制，通过内部交易的形式，向"黑科技实验室"付费购买相关的技术支持，能够充分调动"黑科技实验室"协同的积极性，也能够更好地从机制上让财务和业务站在同一条起跑线上。当然，并不是所有企业都有条件去建立内部市场化机制，必要的时候，寻求行政命令资源的支持也是可行之路。

图 7-49　黑科技实验室

第七章　大数据时代企业财务管理的发展趋势

4.集团推行产品平台并定义自由度

对于集团企业来说,要满足标准化与个性化的平衡,不妨考虑将集团自身视为财务智能化产品的提供商,在集团层面构建基于产品化理念,设计信息化平台。在产品的设计过程中,集团应当充分引入业务单元来进行产品化需求的论证和设计,通过大量的调研形成需求,并最终搭建平台。各个业务单元在实际部署信息化时,集团将其当作一个产品客户,通过进一步的需求调研,引入实施方法论,在产品化平台的基础上进行配置实施和少量且可控的客制化开发。通过这种模式,集团财务能够搭建一个开放式的财务智能化产品平台,并借助平台实现管理的标准化和自由度的定义。

在财务智能化进程中,财务与科技的协同是一个技术与艺术并存的话题,找到合适的平衡点、实现双赢是财务智能化之路成功的关键。

参考文献

[1] 王雅姝. 大数据背景下的企业管理创新与实践 [M]. 北京：九州出版社, 2019.

[2] 孙晓霞, 谢冶博. 赢面运用大数据和人工智能技术辅助投资决策 [M]. 北京：中国经济出版社, 2019.

[3] 李艳华. 大数据信息时代企业财务风险管理与内部控制研究 [M]. 长春：吉林人民出版社, 2019.

[4] 王文, 周苏. 大数据可视化 [M]. 北京：机械工业出版社, 2019.

[5] 刘媛, 姜剑, 胡琳. 企业财务管理与内部审计研究 [M]. 郑州：黄河水利出版社, 2019.

[6] 刘春姣. 互联网时代的企业财务会计实践发展研究 [M]. 成都：电子科技大学出版社, 2019.

[7] 杨林霞, 刘晓晖. 中小企业财务管理创新研究与改革 [M]. 长春：吉林人民出版社, 2019.

[8] 李晓龙. 大数据财务分析 R 与 Hadoop 实训 [M]. 北京：经济管理出版社, 2018.

[9] 李克红. "互联网+"时代财务管理创新研究 [M]. 北京：首都经济贸易大学出版社, 2018.

[10] 姬潮心, 王媛. 大数据时代下的企业财务管理研究 [M]. 北京：中国水利水电出版社, 2018.

[11] 董皓. 智能时代财务管理 [M]. 北京：电子工业出版社, 2018.

[12] 倪向丽. 财务管理与会计实践创新艺术 [M]. 北京：中国

商务出版社,2018.

[13] 潘栋梁,于新茹.大数据时代下的财务管理分析[M].长春:东北师范大学出版社,2017.

[14] 王小沐,高玲.大数据时代我国企业的财务管理发展与变革[M].长春:东北师范大学出版社,2017.

[15] 杨继美,周长伟.玩转财务大数据金税三期纳税实务[M].北京:机械工业出版社,2017.

[16] 卢山.企业信息化投资决策模型与方法研究[M].北京:首都经济贸易大学出版社,2017.

[17] 董超.一本书搞懂企业大数据[M].北京:化学工业出版社,2017.

[18] 南京晓庄学院经济与管理学院.企业财务管理[M].南京:东南大学出版社,2017.

[19] 赵燕,李艳.企业财务管理[M].北京:首都经济贸易大学出版社,2016.

[20] 周苏,王文等.大数据及其可视化[M].北京:中国铁道出版社,2016.

[21] 张齐.大数据财务管理[M].北京:人民邮电出版社,2016.

[22] 车品觉.决战大数据:大数据的关键思考(升级版)[M].杭州:浙江人民出版社,2016.

[23] 马万里.风险投资决策优化研究:基于浙江的实证[M].杭州:浙江工商大学出版社,2016.

[24] 孙向杰.领跑大数据时代[M].沈阳:辽海出版社,2016.

[25] 宋彪.基于大数据的企业财务预警理论与方法研究[M].北京:经济科学出版社,2015.

[26] 张学惠,张晶.企业财务管理[M].北京:北京交通大学出版社,2014.

[27]《企业财务风险管理》编写组.企业财务风险管理[M].北京:企业管理出版社,2014.

[28] 陈可喜.财务风险与内部控制[M].上海:立信会计出版社,2012.

[29] 徐晓莉.财务指标体系创新与应用[M].昆明:云南大学出版社,2012.

[30] 吴仁群.投资决策不确定性与竞争[M].北京:中国经济出版社,2008.

[31] 张隆华.投资与决策[M].北京:北京出版社,2007.

[32] 郭泽光,余春宏.财务创新理论研究[M].北京:中国财政经济出版社,2002.

[33] 叶丽.大数据背景下财务管理的智能化发展研究[J].纳税,2020,14(03):84-85.

[34] 王文静.财务转型背景下的智能财务构建研究[J].财经界,2020(29):179-180.